詩篇の思想と信仰

第126篇から第150篇まで

VI

月本昭男

新教出版社

はしがき

『福音と世界』誌に連載させていただいた「詩篇の思想と信仰」は二〇一八年八月号の詩篇第一五〇篇をもって終了した。第一篇の学びが掲載されたのが二〇〇〇年四月号であったから、一八年余も続いたことになる。この間、筆者は、掲載に先立ち、まずは所属する経堂聖書会日曜講座において詩篇各篇を講じてきた。その折に配布した本文の訳と訳注を連載記事の基礎資料としたことは、本書第二巻の「はしがき」に記したとおりである。聖書会における詩篇講義のほうも、二〇一八年七月をもって終了した。

聖書講義において、自らに課した各詩篇の翻訳は容易ではなかったが、その反面、楽しい作業でもあった。訳注を付し、内容の理解につとめるなかで、それぞれの詩篇を編み、詠い継ぎ、これを後世に残してくれた人たちの思想と信仰に思いをはせた。ときには、古代と現代の時間の隔たりを忘れるような体験もあった。目に見えない神の存在を信じ、神の前に思いを披瀝する古代イスラエルの信仰者たちの言葉は、私たちから遠く離れてはいないことを実感させられている。

本巻は詩篇一二六篇からはじまるが、筆者はその5節（「涙をもって種まく者たちは歓喜をもって刈り入れよう」）を、何度、社会に出てゆく大学卒業生たちに贈ったことか。本巻には、また、一二七篇、一二八篇などのように、詩篇にしては珍しく、当時の家庭生活をふまえた、ほほえましい作品も収められている。その一方で、「深い淵より」（詩一三〇1）神に呼ばわる痛切なる叫びは、いまなお、日本の各地で、世界の様々な地域で、発せられている、ということにも気づかされる。

本来ならば、詩篇一〇一篇から一二五篇の学びを収めた第五巻が、最終巻にあたる本巻に先立って刊行されるはずであった。しかし、詩篇一〇一篇から一二五篇には、詩篇の本文自体が長いこともあって、「思想と信仰」の部分を割愛した作品が少なくない。第五巻の刊行には、そこを補わなければならない。それゆえ、新教出版社・小林望社長のご判断もあり、第六巻を先行させてお届けすることになった。第五巻も、そう遠くなく、刊行させていただけるはずである。

本巻の刊行にあたり、編集実務担当の平松虹太郎氏は、聖書の引用箇所を逐一照合して、少なからぬ数字の間違いを修正してくれた。平松氏とは、数年前に、上智大学神学部大学院の授業でヨブ記の原典をともに読んで以来の協同作業となった。

月本昭男

二〇一八年一〇月二〇日

目次

目次

凡　例

一、試訳の底本はＫ・エリガー／Ｗ・ルードルフ編纂の『シュトゥットガルト版ヘブライ語聖書』（K. Elliger / W. Rudolph, eds., Biblia Hebraica Stuttgartensia）中のＨ・バルトケ校訂『詩篇』（Liber Psalmorum praeparavit H. Bardtke, 1969）である。訳注ではＢＨＳとして引用した。

二、邦訳に際しては、口語訳、新改訳、新共同訳などの他に、とくに松田伊作訳『詩篇』（岩波書店版『旧約聖書Ⅺ』一九九八年）を、その言語学的知見に富む脚注ともども大いに参考にさせていただいた。「岩波版『詩篇』」がそれを指す。

三、訳注で「七十人訳」として言及するギリシア語訳はＡ・ラールフス編『七十人訳聖書』（A. Rahlfs, ed., Seputuaginta, vol. II, 8. Aufl., Stuttgart 1965）に基づく。訳注におけるその他の古代訳や異読の指摘は主に右記ＢＨＳの脚注に拠った。

四、試訳と訳注で用いた主な辞典類とコンコルダンスは、

L. Koehler / W. Baumgartner, *Hebräisches und Aramäisches Lexikon zum Alten Testament I-IV*, Leiden: Brill, 1967-1990.

D. J. A. Clines, ed., *The Dictionary of Classical Hebrew I-VIII*, Sheffield, 1993-2011.

E. Jenni / C.Westermann, eds., *Theologisches Handwörterbuch zum Alten Testament I-II*, München: Chr. Kaiser Verlag, 1971, 1976.

G. J. Botterweck / H. Ringgren, eds., *Theologisches Wörterbuch zum Alten Testament I-X*, Stuttgart et al.: Verlag W. Kohlhammer, 1973-2000.

S. Mandelkern, *Veteris Testamenti Concordantiae Hebraicae atque Chaldaicae*, 4. ed., Tel Aviv: Schocken, 1978.

である。用いた注解書では、主として次の八冊を参考にした。

L. C. Allen, *Psalms 101-150*, WBC 21, Nashville: Thomas Nelson, 2002 (Allen, *Psalms 101-150* で引用)

W. Brueggemann / W. H. Bellinger, Jr., *Psalms*, New York: Cambridge Univ. Press, 2014 (Brueggemann / Bellinger, *Psalms* で引用)

N. L. DeClaisssé-Walford et als., *The Book of Psalms*, NICOT, Grand Rapids / Cambridge, Eerdmans, 2014（DeClaisssé-Walford et als., *The Book of Psalms* で引用）

H. Gunkel, *Die Psalmen*, Göttingen: Vandenhoeck & Ruprecht, 1926.（Gunkel, *Die Psalmen* で引用）

H.-J. Kraus, *Psalmen, 1. Teilband: Psalmen 1-59*, Biblischer Kommentar : Altes Testament XV / 1, 5. Aufl., Neukirchen-Vluyn: Neukirchener Verlag, 1978.（Kraus, BK XV / 1 で引用）

H.-J. Kraus, *Psalmen, 2. Teilband: Psalmen 60-150*, Biblischer Kommentar : Altes Testament XV / 2, 5. Aufl., Neukirchen-Vluyn: Neukirchener Verlag, 1978.（Kraus, BK XV / 2 で引用）

K. Seybold, *Die Psalmen*, HAT 15, Tübingen: Mohr Siebeck,1996（Seybold, *Die Psalmen* で引用）

F.-L. Hossfeld / E. Zenger, *Psalmen 51-100*, Herders Theologischer Kommentar zum Alten Testament, Freiburg i. B., 2000.（Hossfeld / Zenger, *Psalmen 51-100* で引用）

五、訳注および解説で依拠した文献や引用資料は（　）内に記した。煩瑣を避けるために用いた前記以外の主な略語は次頁の略語一覧を参照されたい。

六、訳注で用いる「ケレー」（アラム語で「読め」の意）はユダヤ教マソラ学者が聖書本文の欄外に記した訂正指示を、「ケティヴ」（アラム語で「書かれた（まま）」の意）は伝承されたままの子音本文を表す。

七、ヘブライ語の片仮名表記では、便宜上、「長母音」の音引きを一語につき一つとした。例えばツァディーキーム でなく、ツァディキーム。但し、ラーアー「見る」のように第三子音が母音化した動詞、トーラー「律法」のように一般化している単語などは例外とした。

略語一覧

AB = The Anchor Bible

AGH = E. Ebeling, *Die akkadische Gebetsserie "Handerhebung"*, Berlin, 1953

BQS = E. Ulrich, ed., *The Biblical Qumran Scrolls 3: Psalms-Chronicles*, Leiden: Brill, 2013

CAD = *The Assyrian Dictionary*, Chicago: The Oriental Institute, 1956ff.

FRLANT = Forschungen zur Religion und Literatur des Alten und Neuen Testaments

G.-K. = *Gesenius' Hebrew Grammar*, edited and enlarged by E. Kautzsch, 2nd English edition revised by A. E. Cowley, Oxford: Oxford University Press, 1910

HAT = Handbuch zum Alten Testament

J.-M. = P. Joüon / T. Muraoka, *A Grammar of Bibilical Hebrew, I/ II*, Roma: Editrice Pontificio Instituto Biblico, 1993

KTU = M. Dietrich / O. horetz / J. Sanmartín, *Die keilalphabetischen Texte aus Ugarit*, *Ras Ibn Hani und anderen Orten*, AOAT 360, Münster, 2013.

SAHG = A. Falkenstein / W. von Soden, *Sumerische und akkadische Hymnen und Gebete*, Zürich, 1953

SVT = Supplements to Vetus Testamentum

ThWAT = G.J. Botterweck / H. Ringgren, eds., *Theologisches Wörterbuch zum Alten Testament I-X*, Stuttgart et al: Verlag W. Kohlhammer, 1973-2000

VT = Vetus Testamentum

WBC = World Biblical Commenratary

WMANT = Wissenschaftliche Monographien zum Alten und Neuen Testament

UFBG = W. Mayer, *Untersuchungen zur Formensprache der babylonischen "Gebetsbeschwörungen"*, Rome, 1974

ZA = Zeitschrift für Assyriologie und verwandte Gebiete

詩篇の思想と信仰 Ⅵ

第126篇
涙をもって種蒔く者たちは

1 巡礼のうた。
ヤハウェがシオンの命運を転ぜられたとき、
われらは夢見る者たちのようになった。
2 そのとき、われらの口は笑いに、
その舌は歓喜に満たされていた。
そのとき、諸国民の間で人々は言っていた、
ヤハウェは彼らに偉大な業を行われた、と。

3 ヤハウェはわれらに偉大な業を行われ、
われらは喜ぶ者たちとなったのだ。
4 ヤハウェよ、ネゲブの川床のように、
われらの命運を転じてください。
5 涙をもって種まく者たちは
歓喜をもって刈り入れよう。
6 泣きながら種袋を掲げて出て行く者は
歓喜のなかに束を掲げて入って来よう。

訳注

〈1節〉

命運を転ずる（シューブ・シバー）。シューブ・（エト・）シェブートが一般的な定型表現。ただし、シューブ（カル）がヘシーブ（ヒフィル）と表現される場合、シェブートがシェビートと伝えられる場合がある。マソラがケレーによってシェビートをシェブートと、あるいはその逆に読ませることも少なくない。これらすべてを含めると、用例は旧約聖書に三十二を数え、そのうち二十四例が預言

書である（注一）。本節でも異本はシバーをシェブート（死海写本4QPsᵉも）ないしシェビートと伝え、

4節ではケティブがシェブート、ケレーがシェビートである。

この定型句の用法上の特徴は、主語がつねに神ヤハウェ（例外は哀二14「彼ら」＝「預言者たち」）、目的語が民ないし国であること（例外はヨブ四二10の「ヨブ」）。用例には一般的な情況の転換を表す場合と捕囚帰還を念頭におく場合とがある（前者はエゼ一六53他、後者はエレ二九14他）。七十人訳は本節も含む用例の大半を「捕囚を転ずる」と訳す。それと関連して、シェブートおよびシェビートの語根がŠBY（動詞カルで「捕虜にする」）か、それともŠWB（動詞カルで「帰る、戻る」）か、という論争はいまだ決着をみない。さらに、動詞シューブのカル「帰る、戻る」はヒフィル形ヘシーブ「帰す、戻す」と同じ意味で用いられうるのかどうか、という点も意見が分かれる。

試訳は、詩篇の他の用例（一四7＝五三7、八五2）でも「命運を転ずる」という訳で統一し、この定型句においてシューブとヘシーブとの間に意味上の差はないとみる。差があるとみて、1節の定式部分を「ヤハウェがシオンに帰ってくださったとき」、4節のそれを「ヤハウェよ、われらのところにお帰りください」といった訳もみられる（Hossfeld / Zenger, *Psalmen 100-150*, 501 参照）。

夢見る者たちのようになった。 エレ三一23―26に伝えられる預言者の体験に似る。古代人は「夢」を神のみ告げと受けとめた。死海写本（4QPs[a]）「健全にされた者たちのようになった」。七十人訳「慰められた者たちのようになった」。

〈2節〉

口は笑いに……満たされる。 ヨブ八21参照。七十人訳は「口は喜びに……満たされる」。**舌は歓喜に。** リンナー「歓喜」は5節と6節にも用いられる。

ヤハウェは彼らに偉大な業を行われた。 そのまま訳せば、「ヤハウェは自らの偉大さを示して、彼らの側で行った」。次行とヨエ二21以外には用いられない独特の言い回し。

〈4節〉

ネゲブの川床。 ネゲブはベエル・シェバ以南の乾燥地帯（年間降雨量は200㎜以下）。それゆえ「南」をも意味する（ヨシュ一一2他）。この地には、乾季には水のない川底をさらし、雨季には高地に降った雨水を集めて、ときには激流となる涸谷（ワディ）がいくつもはしる。「ネゲブの川床のように」とは、乾ききった川床が雨季に水の豊富な流れに変わるワディのように、との意。七十人訳「南の奔流のように」。

われらの命運を転じてください。「命運」はシェブート、ケレーはシェビート。七十人訳「われらの捕囚を転換してください」。1節「命運を転ずる」の訳注参照。

〈6節〉

七十人訳「出て行く者たちは出て行き、そして泣いた、種を掲げながら。来る者たちは歓喜のなかにやって来よう、彼らの抱え物（＝収穫した麦）を掲げながら」。

種袋を掲げて。 ヘブライ語の韻律を乱すので、読み替え提案に「種を携えて」（モシェーク・ハッ・ザーラア←ノセー・メシェク・ハッ・ザーラア）。種蒔きと収穫はしばしば因果応報を表す比喩として用いられるが（ホセ一〇12—13、ヨブ四8、箴二二8、ガラ五8—9など）、ここでは因果応報ではなく、悲しみが喜びに変えられることをいう（ヨハ一六20参照）。

出て行く。 農夫は朝に町の門を「出て」畑地に向かい、夕に戻って町の門に「入って来る」（次行）。詩一二一8も参照。なお、マソラ本文は「出て行く者」を単数で記すが、七十人訳や死海写本（4QPs^{a}）は前節に合わせ複数（「出て行く者たち」）で伝える。

構成、主題、背景

本詩は読む者に強い印象を残す詩篇の一つであろう。「われらは夢見る者たちのようになった」という冒頭の一句が印象的であり、「ネゲブの川床」や「涙のなかで種まく」という表現も忘れがたい。だが、本詩全体の理解となると、一筋縄ではゆかない。ふつうに読めば、「ヤハウェがシオンの命運を転ぜられたとき」と詠う1節と「ヤハウェよ、われらの命運を転じてください」と願う4節の間に齟齬をきたすからである。

そこで、本詩全体の理解に関連して、1節と4節の関係が様々に論じられてきた。これまでの見解は大きく四通りに分けられよう。

まず、1節と4節の「命運を転ずる」ことが同一の事態を指すとみる立場と、両者は別の事柄を詠っているとみる立場とに分かれる。さらに前者は、それを過去の出来事と考える見解（一）と、そこに将来の展望を看取する見解（二）とに、後者は、1節のそれを夢のなかの非現実と解する見解（三）

と過去の救済体験とみる見解（四）とに分かれる。

そのうち（一）の見解を代表するのは、4節の動詞命令形シューバー「転じてくださ い」は「（ヤハウェは）……を転じてくださった」（シャーブないしショーバー）と読むべきだ、という主張である（M. Dahood, *Psalms III*, 220）。この場合、「命運」の転換はバビロニア捕囚民の解放とエルサレム再建を意味するから、本詩はヤハウェによる救いを讃える民の感謝の詩篇とみなされる。

（二）の見解は、4節だけでなく、1―3節もまたヤハウェによって実現される救済の時代の到来を視野に収めている、と理解する。別言すれば、本詩は第二神殿時代に、シオンがいずれ世界の中心になることを夢見つつ、涙の現実を耐え忍ぼうとした終末論な作品とみなされる（R. Morris, Beobachtungen zu Psalm 126 [1990], apud Hossfeld / Zenger, *Psalmen 101-150*, 502f.）。その根拠として、ヨエル書との密接な関連性が指摘される。本詩とヨエル書の間には共通する語彙や表現が少なくないからである。

（三）の見解によれば、「シオンの命運を転ぜられたとき」（1節）とは、「われら」の夢であって、現実に生起した事実ではない。それゆえ、「われら」は4節においてあらためて、その夢にみたように、「われらの命運を転じてください」と願っている、と解される（W. Beyerlin, "*Wir sind wie Träumende*": *Studien zum 126. Psalm*, Stuttgart, 1978, 53ff.）。このような見解を提示したバイヤリンは、バビロニア捕囚期、シオンの回復を神の約束として期待しながら、厳しい情況を生き抜こうとするパレスチナ残留民の信仰が本詩に表明されているとみて、それを「それでもなおの信仰（Dennoch des

Glaubens)」と呼んでいる。

比較的多くの研究者が採用する(四)の見解によれば、1―3節は過去に起こった救済体験(「シオンの命運」=バビロニア捕囚からの解放とエルサレム再建)の想起である。だが、「われら」は依然として苦境のなかにある。それゆえ、4節で、「われら」は現状の転換をヤハウェに訴えたのだ、と理解される(H.-J. Kraus, BK XV/2, 1032f.; K. Seybold, *Die Psalmen*, 486f., Hossfeld / Zenger, *op. cit.*, 505f.)。

これらの見解を逐一詳細に検討することは控えるが、(一)に対しては、シューバー(命令形)をシャーブ(完了形)と読み替える本文批評学上の典拠がないこと、シューバー(↑ショーバー)がシャーブの古い形態とみる言語上の証左(フェニキア語)が薄弱であること、などを指摘しうる。(二)に対しては、本詩とヨエル書との間に語彙や表現の共通性は指摘されうるとしても、両者の思想上の共通性、いわんや両者間の依存関係は必ずしも明白ではない、といわねばならない(注二)。

それに対して、(三)の見解は棄てがたい。なによりも、ユダの民の回復を「夢に見た」というエレミヤ書の一節(エレ三一23―26)を思い起こさせるからである。その冒頭にも、定式表現シューブ・エト・シェブート「命運を転じる」が用いられる(23節、新共同訳「繁栄を回復する」)。「夢見る」という動詞こそ用いられないものの、「私は目覚めた」と「眠りは私に心地よかった」という最後の記述(26節)は、ユダの民の回復がエレミヤに夢で告げられたことを明示する。

背後に具体的な歴史背景を想定しうるという意味で、(四)の解釈はそれ以上に説得性に富む。「ヤハウェがシオンの命運を転ぜられたとき」(1節)は、大多数の解釈にみられるように、バビロニア捕囚からの帰還（前五三九年）とそれに続くエルサレム再建を指すだろう。エルサレム神殿の基礎が据えられたとき、かつての神殿を知っていた者たちは声をあげて泣いた、と伝えられる（エズ三12）。だが、神殿再建も神殿を中心とする共同体の再興も順調には進まなかった。捕囚帰還（前五三九年）から第二神殿完成（前五一五年）まで、二十五年という歳月が流れている。ネヘミヤ書（五、六章）やイザヤ書五九章9―11節などが伝えるように、神殿が再建された後も、内外からもたらされる厳しい情況は続いたのである。こうした情況のなかで人々が、一方で、捕囚解放と神殿再建の喜びを回顧しつつ（1節）、他方で、「ヤハウェよ、われらの命運を転じてください」と懇願したとしても不思議はなかったろう。

この解釈は、さらに、詩篇八五篇によって支持されよう。八五篇は、本詩と同様、「神ヤハウェがヤコブの命運を転じてくださった」と詠いはじめる（2節）。続いて、罪・咎の赦免という表現によってバビロニア捕囚からの解放の出来事を詠いあげてゆく（2―4節）。ところが、一転して、「われらを回復させていただきたい」と願うのである（5―8節）。そして、神ヤハウェは必ずや「われらに救いを実現し（9―10節）、「地の実り」を豊かにしてくださる（11―14節）、という信頼の表明で全体が締めくくられる。この最後の単元（11―14節）は、「地の実り」という意味でも、本詩の5―6節と響き合おう。本詩は、このような八五篇と、詩の構造においてほぼ同一であるといってよい。

かくして、本詩1節と4節の関係については、（四）の解釈が最も蓋然性が高いとみられよう。本詩は、したがって、シオン（＝エルサレム）の回復をヤハウェの「偉大な業」として喜ぶとともに

（1―3節）、自分たちのさらなる回復を願う（4節）民の歌と解されよう。

本詩は、最後に、涙と歓喜を種まきと収穫に重ねる詩句が加えられる（5―6節）。それは、涙のなかで希望を棄てず、与えられた業に励もうとする者には、必ずや、歓喜に満ちた将来が訪れる、という激励の言葉である。この両節は、エルサレム神殿に詣でて、ヤハウェに「われらの命運を転じてください」と祈る会衆に向けて告げられた祭司による約束の言葉に由来する可能性が考えられようか（詩三〇5―6参照）。そのことが、シオンへの言及と並んで、本詩が「巡礼歌集」に組み込まれた理由であったかもしれない。

思想と信仰

種蒔きと刈り入れの比喩は、本詩の他にも、旧約聖書に散見する。古代イスラエルの民は、父祖たちの物語が示すように、自分たちの出自を牧羊民と伝えるが（創四七3参照）、歴史時代の生活は定住農耕を基盤としていた。その基礎は、いうまでもなく、主食（パン）の原料となる麦（大麦・小麦）の栽培であった。種蒔きと刈り入れが比喩として多用される背景がそこにある。

旧約聖書において種蒔きと刈り入れを比喩として用いた最も古い事例はホセア書であろう。預言者ホセアはヤハウェ信仰を逸脱する同胞たちに次のように語りかけている（ホセ一〇12―13）。

　　正義のために自ら種をまけ、

慈愛にふさわしく刈り入れよ。
新しい土地を自ら耕せ、
ヤハウェを求める時である。
ついには、ヤハウェが訪れて、
義を雨と降らせてくださろう。
ところが、お前たちは邪悪を耕し、
不正を刈り入れ、欺きの実を食べた。

西アジアでは、秋から初冬にかけて、農夫は畑を耕し、麦の種を蒔き、茨や雑草を取り除く。慈雨に潤された大地は蒔かれた種を芽生えさせ、ほぼ半年後には、実りを収穫する喜びの季節が訪れる。こうした農作業にホセアは地上における人間の営みを重ね合わせた。大地の恵みが農夫のたゆみない農作業と大地を潤す天からの雨によってもたらされるように、「正義」と「慈愛」に基づく人間の営為に神ヤハウェは豊かな祝福をもって応えてくださるだろう。ところが、為政者をはじめ、この民はバアル崇拝に傾斜し、強大国に依存し、政治的謀略にはしっている。それは「邪悪を耕し、不正を刈り入れる」ことにほかならない、と預言者の眼には映ったのである。ホセアは「彼らは風を蒔いて、嵐を刈り入れる」という糾弾の言葉も残している（ホセ八7）。

ホセア書にみるこれらの言葉には、「種蒔き」と「刈り入れ」の間に因果関係が意識されているわけではない。他の預言書においても同じである（エレ一二13、ミカ六15、ハガ一6など参照）。それに対して、知恵文学においては、「種蒔き」と「刈り入れ」が人生における因果応報を説明するための格好の比喩となる。「私がみたところ、害悪を耕し、災いを蒔く者はそれ（＝災い）を刈り入れる」（ヨブ四8）と述べたのは、因果応報論的人生観に立ってヨブを諭そうとする友人の一人エリファズであった。それによってヨブを襲った災難の原因を暗示しようとした。箴言には「正義を蒔く者には真実が報酬」（一一18）、「不正を蒔く者は害悪を刈り入れる」（二二8）といった格言が収められる。いずれも、害悪を行う者には災いがくだり、正義を行う者は幸いをうる、といった因果応報論に基づく人生訓である（仏教でいう「善因善果、悪因悪果」）。「肉によって種蒔く者は肉から滅びを、霊によって種蒔く者は霊から永遠の生命を刈り取る」（ガラ六8）と記したパウロにまで、それは引き継がれてゆく。

このような「種蒔き」と「刈り入れ」の比喩的用法のなかで、「涙のなかで種蒔く者は歓喜のなかで刈り入れよう」と詠う本詩は独特である。「種蒔き」と「刈り入れ」の間に決定的な転換が想定されているからである。「涙のなか」にある現在に「歓喜」の未来が待っている。「命運を転じてください」（4節）との願いがそこに実現する。だが、そのためには、涙を流しながらも、なお種を蒔かねばならない。自分たちに与えられた日常の業を果してゆかねばならない。

じっさい、それは古代イスラエルの信仰者たちが繰り返し体験したことであった。だからこそ、父祖たちの物語では、神はハガルと幼子イシュマエルの泣き声を聞かれた、と記される（創二一17）。

預言書もまた神ヤハウェは「涙をぬぐってくださる」と語り（イザ二五8、三〇19他）、詩篇には「ヤハウェはわが泣く声を聞いてくださった」（六9他）と詠われる。これに似た事情は新約聖書にもみることができるだろう。「あなたがたは悲しむが、その悲しみは喜びに変わる」と語ったイエスの言葉が伝えられる（ヨハ一六20）。そう語ったイエス自身が涙のなかで種を蒔き続けたのである。「種蒔きのたとえ」（マコ四3―9）もこうした文脈で読むことができよう。新約聖書の最後には「神は……涙をことごとく拭い取ってくださる」というイザヤ書の言葉が引用される（黙二一4）。

本詩の最後に付された種蒔きの比喩は、こうした言葉とともに、神が涙を喜びに変えてくださることを望みつつ、辛い日常を生きねばならなかった無名の信仰者たちに励ましと慰めを与え続けてきたにちがいない。

注

（一）シューブ・シェブートの用例（以下Qはケレーがシェブートでケティブがシェビートの場合、Kはケティブがシェブートでケレーがシェビートの場合）は申三〇3、エレ二九14（Q）、三〇3、18、三一23、四八47、エゼ一六53（×5、うち4例はQ）、二九14、ホセ六11、アモ九14、ゼファ二7（K）、三20、詩一四7／五三7、八五2（K）、一二六1（シバー）、4（K）、ヨブ四二10。ヘシーブ・シェブートの用例はエレ三二44、三三7（×2）、三三11、*三三26、四九6、*四九39（Q）、エゼ三九25（Q）、*ヨエ四1、哀二14（Q）。＊印は動詞のケレーがヘシーブ、ケティブがシューブの事例。

（二）本詩とヨエル書との間の用語上の共通点は、1節の「シオン」（ヨエ二23、三5他）、1、4節の「命運を転ずる」（ヨエ四1）、1節の「夢を見る」（ヨエ三1）、2、3節の「ヤハウェは偉大な業を成し遂げられた」（ヨエ二21）、3節の「喜び」（ヨエ二21、23）、5節の「（豊かな）刈り入れ」（ヨエ二24、四13）など。ここから、本詩はヨエル書を下敷きにするとの見解がある一方、逆に、ヨエル書のほうが本詩をふまえるとの見方もあり、影響関係は明確ではない。

第127篇 ヤハウェが家を建ててくださるのでなければ

1 ソロモンの巡礼のうた。
もし、ヤハウェが家を建ててくださるのでなければ、
それを建てる者たちの労苦は虚しい。
もし、ヤハウェが町を守ってくださるのでなければ、
それを守る者による見張りは虚しい。
2 あなたがたには虚しいことだ、
朝早く起き、遅くまで座して、

労苦の糧を食する者たちよ。
そうだ、かれはその愛する者に
眠りを与えてくださるのだから。
3 みよ、
子らはヤハウェの嗣業、
胎の実はひとつの報酬。
4 勇士の手にある矢のようだ、
そうだ、若いときの子らは。
5 さいわいだ、
それらで矢筒を満たす男は。
それらは恥を蒙ることなく、
門で敵を屈服させるだろう。

訳注

〈1節〉

ソロモンの巡礼歌。ソロモンの名が表詞に用いられる詩篇は七二篇と本詩のみ。本詩がソロモンに託される理由として、1節「家」がソロモンの建立したエルサレム神殿と重ねられたであろうこと、2節イェディドー「その愛する者」がソロモンの別名イェディドヤ（サム下一二25）を連想させること、ソロモンに帰される箴言やコーヘレト書に通ずる思想がみられること（次々注参照）、などが指摘されうる。なお、七十人訳聖書の有力写本（シナイ写本、アレクサンドリア写本）は「ソロモンの」を欠く。

家を建てる。家屋の建設だけでなく、家庭の維持、家系の創設なども意味しうる。申二五9、サム上二35、サム下七27、ルツ四11他。

労苦は虚しい。原文「虚しく労苦したことになる」。「家を建てる」のは人間の業ではあるが、そこに神のはたらきがなければ、その業は空虚な労苦に終始する。コヘ二11、箴一〇22などに通じる知恵文学的発想。シャーウ「虚しい」は無内容、無意味なこと。コーヘレト書に繰り返されるヘベル「空である」とほぼ同義（ゼカ一〇2参照）。

それを守る者による見張りは虚しい。「それを」は翻訳上の補い。原文「守る者は虚しく見張ったことになる」。シャーカド「見張る」は軍事的防衛ではなく、町の治安維持。詩一三〇6参照。

〈2節〉

七十人訳「虚しいことだ、あなたがたにとって、早く起きること、座した後に立ち上がることは、労苦のパンを食する者たちよ、かれがその愛する者たちに眠りを与えられるときに」。

労苦の糧。「糧」はパン。「あなたは顔に汗してパンを食す」（創三19）。

そうだ（ケーン）。そのように、確かに。4節にも。

その愛する者。ヤハウェに愛される者。少数の写本や古代訳は複数形「その愛する者たち」と伝える。

〈3節〉

子らはヤハウェの嗣業。ナハラー「嗣業」は、元来、イスラエルの諸部族に配分された土地を指す（ヨシュ一三以下、詩七八55）。比喩的には、ヤハウェはイスラエルの嗣業（詩一六5―6他）、イスラエルの民はヤハウェの嗣業（詩二八9他）などといわれる。ここでは子供はヤハウェからの「授かりもの」というほどの意味。「子ら」の原語はバニーム「息子たち」。しかし、「子供たち」（children / Kinder）と訳す現代語訳聖書も多く、邦訳聖書も総じてそれにならう。それらの訳が必ずしも自覚的になされたとは思われないが、言語的には、「息子たちを生む」が「子供を産む」を意味するように（創三16）、バニーム「息子たち」にバノート「娘たち」も含意されると解しうる。また「人間」を表す「人の子ら」にも、特定の民を表す「…の子ら」にも、「息子たち」を用い、「娘たち」を含ませる。しかし、他方で、「息子たちと娘たち」という表現も多用される（創五4以下、一一11以下参照）。したがって、本詩のバニームが「子ら」か「息子ら」かという判断は難しい。試訳が「子ら」を選んだのは5節を子宝に恵まれる予祝と解することによる（「構成、主題、背景」参照）。

胎の実はひとつの報酬。「胎の実」（創三〇2他）は前行「子ら」の言い換え。子供が授かることをサカール「報酬」と表現する箇所は他に創一五1、三〇18など。七十人訳「胎の実の報酬」。

〈4節〉

若いときの子ら。「年寄りっ子」（創三七3）の逆。「子ら」については前々注参照。七十人訳「追放された者たちの息子たちは」は捕囚時代を想定。

〈5節〉

それらで矢筒を満たす。「それら」は前節「矢」をうける。「若いときの子ら」のこと。七十人訳「それらで願望を満たす」。

それらは恥を蒙ることなく。動詞に複数形が用いられているので、主語は前行「男」（単数）ではなく、「彼ら」。この「彼ら」が誰であるかは必ずしも自明ではないが、試訳は前行の「それら」、つまり「勇士の手にある矢のようだ」といわれた「若いときの子ら」と解する。

門で敵を屈服させる。「屈服させる」と訳したディッベールは、ふつう、「語る」と訳される動詞で、七十人訳「門で敵たちと語るときにも」などはこちらをふまえる。その場合、「門」は裁判などを行う公の場所として理解される（アモ五10他）。この動詞を「屈服させる」と訳すべき用例に詩一八48、四七4などがあり、試訳はこちらを採用。なお、「門で敵を屈服させる」という表現は創二四60（二二17）を思わせる。創二四60は軍事的な勝利祈願というよりは、結婚する女性に向かって、元気な子供がたくさん授かるように、という願いをこめた祝福の言葉。

構成、主題、背景

本詩は、前半（1―2節）で、ヤハウェの支えがなければ、生活を豊かに安定させようとする人間の努力も「虚しい」、と聞き手を教え諭す。後半（3―5節）では、若いときの家庭が子供たちに恵まれることのさいわいを宣言する。前半と後半では主題が微妙に変化しているかにみえる。そこで、本詩はもともと別に伝えられていた二つの格言風の詩が結びつけられて出来た作品ではなかったか、と想定されたこともある。しかし、1節の「家を建てる」という表現を家屋の建築としてではなく、家庭の建設という意味に解するならば、むしろ、前半と後半の深い関連性が理解されるだろう。前半ではヤハウェに支えられた家庭生活の安定が、後半では、とくにヤハウェによって子供たちが授かった家庭の祝福が詠われている、とみうるからである。以下、本文をなぞりながら、この点を確認してみよう。

1節には、「もし、ヤハウェが……してくださるのでなければ」という副文ではじまる同一構文が二つ並ぶ。そして、そうで「なければ」、家を建てる場合も、町を守る場合も、人の営みは「虚しい（シャーウ）」、と告げる。「家を建てる」は、この場合、家屋の建築をいうよりは、家庭を築くことを意味するだろう。「ヤハウェが家を建てる」という文例は他にも散見するが（申二五9、サム下七27、ルツ四11他）、いずれも家庭や家系を念頭におく。「町を守る」という表現も、都市の軍事的防御というよりは、町の治安ひいては家族の平安を念頭においているだろう。そうした人間の営みや努力は、神ヤハウェの支えがあって、はじめて実を結ぶ。

2節は1節で繰り返された「虚しい（シャーウ）」という語を冒頭におき、基本的に1節と同一の内容を「あなたがた」に語りかける。「あなたがた」が早朝から深夜までいそしんだとしても、それが生活（「糧を食する」）のためだけの労苦であれば、それもまた「虚しいこと」である。なぜなら、生活における真の安らぎ（「眠り」）は人間の労苦によって得られるものではなく、神ヤハウェから「その愛する者（たち）」に与えられるものだからである。

本詩後半（3―5節）は、はじめに「みよ」と聞き手の注意を喚起し、関心を「子ら」に向かわせる。子供は神ヤハウェから与えられる贈物（「嗣業」「報酬」）である（3節）。とくに若いときに授かる子供は「勇士の手にある矢」のようなものである（4節）。それゆえ、そのような子供たちを授かった者は「さいわいだ」と祝福を宣言する。その子供たちは「恥を蒙ることなく、門で敵を屈服させるであろう」と本詩を締めくくる（5節）。

ここで「子ら」と訳したバニームの原意は「息子たち」であり、古代訳以来、そう訳す翻訳聖書も少なくない。いずれにせよ、「子ら」を「息子たち」と表現することのなかに、男性中心であった古代イスラエル社会が反映する。今日的視点に立てば、「娘たち」はヤハウェの「嗣業」にはならなかったのか、といった疑問が提起されるだろう。さらに、そもそも子供が授からない場合、人は神の祝福からもれてしまうのか、という問いも発せられよう。その意味で、本詩は時代的制約のなかにあるといわねばならない。人を「勇士」に見立て、「矢」「矢筒」といった武器に関わる単語を並べ、「（息子たちは）門で敵を屈服させるだろう」と最後を締めくくるのも、男性中心的な表現とみられよう。

ところで、試訳が「屈服させる」と訳したディッベールは、通常、「語る」という意味で多用される動詞である。本詩最終行は、したがって、「門で敵と語るだろう」と訳すことも可能である。じっさい、七十人訳がすでにそう訳し（訳注参照）、邦訳聖書もおおむねそれを踏襲する。これを支持する最近の注解書も多い（注一）。にもかかわらず、試訳がこの動詞を、詩篇一八篇48節などと同じく、「屈服させる」と訳したのは、この最終行が「あなたの子孫が敵の門を勝ち取るように」（創二四60。二二17も参照）との発言を思い起こさせずにはおかないからである。

この発言は、イサクのところに嫁いでゆくリベカに親族が贈った「はなむけ」の言葉である。これに先立って「われらの妹よ、あなたは幾千万にもなれ」と告げられる。この「はなむけ」は、もともと、古代イスラエルの人々が嫁いで行く娘に贈った祝詞であったにちがいない。「幾千万」や「あなたの子孫」という表現には、嫁ぐ娘が子宝に恵まれるように願った親族の想いがこもる。また、「敵の門を勝ち取る」とは、その子が元気に育ってほしい、といった願いの表明であって、「勇ましい兵士になれ」との意味ではなかったろう（注二）。こうした観察は本詩を締めくくる「さいわいだ」という祝詞の意味を照らし出すだろう。ここでも、同じように、授かった子供たちが元気はつらつと育つことを予祝して「門で敵を屈服させるであろう」と詠われた、と解されるからである。

本詩の末尾をこのように解すると、本詩全体の背景もおのずと浮かびあがってくる。つまり、本詩は、元来、新しい家庭を営みはじめた若い夫妻のために詠われた一種の祝婚歌ではなかったか、と想定されるのである。前半部で詠い手は若い夫妻に、家庭を築き（「家を建てる」）、これを維持するのはひとえに神ヤハウェのはたらきである、と諭している。家庭は人間的努力だけで維持されるものではない。神のはたらきがこれを支えている。したがって、こうした神ヤハウェへの信頼こそが家庭の礎でなければならない。続く後半部では、子供が豊かに与えられ、彼らが力強く成長することを念じながら、若いときの子供は神ヤハウェからのかけがえのない贈物であり、その子らが親を助ける大きな力にもなりうるように、と今後の家庭を予祝する。

以上の理解がまちがっていなければ、本詩は前半に説諭を、後半に予祝を配した祝婚歌であった。神殿祭司からエルサレム神殿に詣でる新郎新婦にこれが詠い与えられた可能性が想定されるだろう。

本詩の成立時代をうかがわせる直接の言語表現は本詩にはない。しかし、本詩に続き、子供が授かった家庭のさいわいを詠う一二八篇は明らかに第二神殿時代の作品である。このことから、本詩もまた第二神殿時代に祭司たちに歌い継がれた作品とみられよう。

思想と信仰

人は、大自然の前に佇むとき、そこに人知を超えた存在を感じさせられる。そうした存在を人類は「神」と名づけてきた。だが、人工の建造物を前にしたときには、それがどんなに壮大であろうとも、人がそこに「神」のはたらきを思い描くことはない。建造物はあくまでも人間の業だからである。

ところが、旧約聖書は、そうした人間の業とみえる事象の背後に神のはたらきを認めよ、と教える。本詩によれば、人が「家を建てる」ことも、「町を守る」ことも、ヤハウェのはたらきにほかならない。箴言には、ほぼ同じことがより簡潔に「豊かにするのはヤハウェの祝福、（人の）労苦はこれに何も加ええない」という格言にまとめられる（箴一〇22）。そもそも旧約聖書は、自らの能力と努力だけで、つまり神からの祝福なしに、成功をおさめた人物を描き出すことはない。イスラエルの民全体についても、同じことがいえるだろう。申命記はモーセの口を通してこの民に次のように勧告する（申八17―18）。

あなたは心のなかで言うであろう、わが力とわが手の能力がこの富を築いたのだ、と。だが、あなたは思い起こさねばならない、かれ（＝ヤハウェ）があなたに力を与えて富を築かせた方であったことを。それは、今日、あなたの父祖たちに誓ったかれの契約を立てるためである。

では、人間の営みの背後に神のはたらきを見て取る信仰者たちの「まなざし」は、そもそも、いかにして培われたのであろうか。思うにそれは、人間の営みは思いどおりにゆくとはかぎらない、という現実体験に発するだろう。思いどおりにゆかない理由は、自分の能力不足だけではない。妨げる力は周囲からも様々にはたらく。人間の手には及ばない不測の事態が人の営みを放棄させることも稀ではない。人の営みが首尾よく果たされる場合にも、同じことがいいうる。自らの能力と努力に加えて、様々な要因が協力的にはたらかなければ、事はうまく運ばないからだ。今日では、そうした事象を「運」という語で総括し、前者の場合を「不運」、後者の場合を「幸運」などと呼びならわすが、古代イスラエルの信仰者たちはそこに神ヤハウェのはたらきを感じ取ったのである。

人の営みが円滑に進めば、そこに神の祝福を確信し、円滑に進まなければ、神の別の意図をそこに汲み取ろうとした。とくに、子供の誕生を告げる神ヤハウェの言葉を繰り返す父祖たちの物語が示すように（創一七19、一八13―14、二五21他）、家の存続に必須であった子供の誕生には必ず神の意思が伴う、と人々は信じていた。本詩が「もし、ヤハウェが家を建ててくださるのでなければ、それを建てる者の労苦は虚しい」と諭し、「子らはヤハウェの嗣業」と詠う背景がここにある。

律法を神の意思とみる申命記は、律法の遵守と違背に神の祝福と呪いを対応させ（申二八1―68他）、箴言は、同じように、行為の善・悪と人生における幸・不幸を因果論的に結びつけた（箴言一〇2―32他）。本詩は、しかし、そうした思想に触れようとはしない。むしろ、ごく単純に、日常の生活を背後で支えてくれる神ヤハウェに対する素朴な、しかし全幅の信頼を勧めているようにみえる。その点で、本詩は「思い煩うな」と教えたイエスの言葉（マタ六25以下、ルカ一二22以下）の先駆けをなす。

注

（一）文語訳「ものいふ」、口語訳「物言う」、新改訳「語る」、新共同訳「論争する」など、邦訳聖書もおおむねディッベールを「語る」と解する。最近の注解書では L. C. Allen, *Psalms 101-150*, p. 234; Hossfeld / Zenger, *Psalmen 101-150*, S. 513; N. deClaissé-Walford, *The Book of Psalms*, p. 917 など。

（二）日本で端午の節句に鎧兜を身に着けた武者人形や鉞を振りかざす金太郎の人形を飾るのと似る。

第128篇

妻は葡萄の木、子らはオリーブの若枝

1 巡礼のうた。
さいわいだ、
すべてヤハウェをおそれ、
ヤハウェの道を歩む者は。

2 自分の手で得た物を食する
そのあなたは、さいわいだ、

3 あなたに幸せがあるように。
妻は実を結ぶ葡萄の木のよう、
あなたの家の奥の間にあって。
子らはオリーブの若枝のよう、
あなたの食卓の周りにあって。
4 みよ、かくも祝福される、
ヤハウェをおそれる男は。
5 ヤハウェがシオンから
あなたを祝福されるように。
そして、エルサレムの恵みを、
あなたが見るように、
あなたの全生涯にわたって。
6 そして、あなたの子らの子を、
あなたが見るように。

平和がイスラエルのうえに。

訳注

〈1節〉

巡礼のうた。詩一二〇1の訳注参照。

さいわいだ（アシュレー）。2節にも。七十人訳マカリオイ。幸福の度合いではなく、祝福の宣言。本詩以外には、詩一、三二、四一、一一二、一一九の各篇がこの宣言ではじまる。本節は一一二1に似る。マタ五3以下他。

すべてヤハウェをおそれ、ヤハウェの道を歩む者は。「ヤハウェの道」は原文「かれの道」。神に対する「おそれ」（動詞ヤーレー、名詞イルアー）は神信仰の旧約聖書的表現。ヨナ一9、ヨブ一8など参照。神信仰を「おそれ」と言い表す伝統は古代西アジアに遡り、バビロニアやアッシリアでも神（々）への「おそれ」が重視された（アッカド語 palāhu「おそれる」、pulluhtu「おそれ」）。「彼（＝ヤハウェ）の道」とは「律法」に示されたヤハウェの意思を指す。詩一一二1では同じことが「かれの命令を悦ぶ」と表現され、一一九1でも「ヤハウェの律法に歩む者たち」に「さいわい」が告げられる。

〈2節〉

自分の手で得た物を食する。「自分の手」は「あなたの掌（手のひら）」。七十人訳「あなたの果実の労苦」。不労所得でなく、施しに頼るのでもなく、自ら働いて得た生活の糧に基づく生活（一テサ四11）。労働による所得を自然権と位置づける近代思想（ロック）の素朴な古代版。

幸せがあるように。原文「幸せがあなたに」。トーブ「幸せ」は「よいこと」が原意。5節「幸い」に同じ。神から与えられるトーブは「恩恵」（詩一二三6）。

〈3節〉

妻は実を結ぶ葡萄の木。原文「あなたの妻は……」。七十人訳「あなたの妻は繁茂する葡萄」。葡萄は、次のオリーブとともに、古代イスラエルの七大農産物のひとつ（申八8。ハガ一11も参照）。葡萄の木はしばしばイスラエルの比喩となる（ホセ一〇1、エゼ一九10、詩八〇9他、↓ヨハ一五1）。イザ五1―6では「葡萄園」がイスラエルを表す。パレスチナでは葡萄が古くから栽培されていたが（創九20参照）、その栽培法は垣根や棚を作るのでなく、斜面で蔓枝を比較的短く剪定して栽培した。旧約聖書時代、葡萄酒用に実を踏んで果汁を絞る施設は葡萄畑に近い岩盤上に設けられ、今日に残る。

奥の間。女性の生活空間を客人などが入れない奥の間に設ける習慣を背景とする（創一八9―10）。日本語でも妻を「奥方」などと呼ぶ。七十人訳「脇の間」。

子らはオリーブの若枝。原文「あなたの息子たちは…」。詩一二七3「子らはヤハウェの嗣業」の訳注参照。オリーブは乾燥に強く、幹の根もとにはひこばえが育ち、幹を切れば、そこから若枝が出る（↓イザ一一1）。それゆえ、オリーブは活力や繁栄の比喩となる（エレ一一16、ホセ一四7）。日常的に使う油は、古代メソポタミアの胡麻油ないし唐胡麻油（アッカド語 šamšammu, 英 sesame の語源）に対して、シリア・パレスティナではオリーブ油であった。遺跡からはオリーブ圧搾施設が数多く出土する（ゲッセマネは「油を搾る場」の意)。
食卓(シュルハーン)。詩一二三5の訳注参照。
〈4節〉
かくも(ケーン)。前段で詠われたように、妻と子供に恵まれて。
ヤハウェをおそれる男。1節「ヤハウェをおそれ(る者)」(分詞形)と異なり、ここには成年男子を表すゲベル「男」が用いられる(詩一二七5)。
〈5節〉
ヤハウェがシオンから。シオン(=エルサレム)に建立されたヤハウェ神殿は「ヤハウェの住まい」と信じられた(詩一四7、二〇3、一一〇2など)。ヤハウェの律法さえも「シオンから出る」といわれる(イザ二3)。
エルサレムの恵み。トーブ「恵み」は2節「幸せ」に同じ。ヤハウェの住まうエルサレムからくだされる「幸い」のこと。ヤハウェの恵み。次節でそれが具体的に子孫繁栄と結びつけられる。なお、「そして、……をあなたが見るように」という訳に関してはJ.-M., §116f. を参照。次節のそれも。
〈6節〉
子らの子。孫たち、つまり子孫の繁栄。
平和がイスラエルのうえに。「あれ」が省略された祈願文。詩一二五篇も同一の祈願文で閉じられる。
詩篇の末尾には、このように、しばしばイスラエルへの祝福や救い、平和や安寧を願う祈願が付される。他に、三、一四、二五、二八、二九、三四、六八、一三〇、一三一の各篇。

構成、主題、背景

一二七篇が結婚して間もない夫妻に向けた祝婚歌であったとすれば、それに続く本篇は祭司が神ヤハウェによる家庭の祝福を告げる詩篇であったろう。祝福は「さいわいだ」（1、2節）、「祝福する／祝福される」（4、5節）、「幸せ／幸い」（2、4節）といった語彙をもって表現され、それが「ヤハウェをおそれ、ヤハウェの道を歩む者」（1、4節）に告げられる。そこに教訓詩としての性格がみてとれる。しかし、詩篇第一篇のように、祝福と呪いを繁栄と滅亡に結びつけ、二元論的に対比させることはない。本篇において、祝福は家庭に向けられる（3、4節）。詩篇におけるイッシャー「妻」の用例は、本篇3節を除けば、敵の呪いの引用（詩一〇九9「息子たちは孤児となり、妻は寡婦となるがよい」）以外にみられない。詩篇のなかで家庭に目を向ける作品は一二七篇と本篇に限られる。

本篇は短いながら、明確な構成をもつ。1節と4節で「ヤハウェをおそれる者／男」への祝福が宣言される（A／A′）。続いて、その祝福が「あなた」に告げられる（2節「そのあなたは、さいわいだ」／5節「あなたを祝福される」、B／B′）。そのうえで、その祝福がさらに「あなた」の後の世代へと引き継がれることが示唆される（3節「あなたの子ら」／6節「あなたの子らの子」、C／C′）。

本篇は、このように、ほぼ並行の構造をもつ前半（1―3節）と後半（4―6節）に区分できる（A―B―C／A′―B′―C′）。多くの翻訳や注解書のように、1―4節を前半、5―6節を後半とみなせば、全体構成はA―B―C―A′／B′―C′と組み替えられるが、前半（A―B―C―A′）と後半（B′―C′）の関連が説明しにくくなるだろう。

以下、このような全体構成をふまえ、各節の内容に立ち入ってみる。

1節は「ヤハウェをおそれる者」への祝福の宣言。神を「おそれる」とは、神信仰の古代西アジア的表現であって、神の処罰を「恐ろしがる」ことではない。R・オットーによれば、神への「おそれ」は非合理的な宗教体験（「ヌミノーゼ体験」）の根源的要素（mysterium tremendum）に数えられ、そうした体験が日常生活を律する教えへと倫理化されてゆく（久松英二訳『聖なるもの』岩波文庫）。本詩でいえば「かれ（＝ヤハウェ）の道」がそれである。詩篇一一二篇1節では、同じく、「おそれ」がヤハウェの「命令を悦ぶ」ことに結びつけられる。ヤハウェの「道」も「命令」も広義の「律法」を指す（詩一一九1、3、6他）。

2節では、ヤハウェをおそれる者への祝福（1節）が手ずから働いて糧を得る「あなた」に告げられる。「自分の手で得た物」とは労働の果実である。神はアダムをエデンの園から追放する際、「額に汗して生活の糧を得る」と告げたというが、ここから労働を神の呪いの結果とみなしてはならない。労働は、むしろ、人間存在の本質要素であって、物語はそれを「大地に仕える」と表現した（注一）。本節の背後には、労働に基づく生活をよしとする健全な感性が息づく。それは「涙して種まく者は喜びの声をあげて刈り入れる」（詩一二六5）という詩句に流れる感性と別ではなかったろう。

3節では、手ずから働く「あなた」の「幸せ」（2節）が、具体的に、「実を結ぶ葡萄の木」のような妻、「オリーブの若枝」のような子供たちに託される。かの地の主要な産物であった葡萄とオリーブは比喩的に用いられることが少なくない（訳注参照）。斜面に枝を伸ばして実をつける葡萄の木がここでは「奥の間」で家事にいそしむ妻に、勢いよく上に伸びるオリーブの若枝が食卓を囲む子供たちに比せられる。「奥の間」という表現には、女性の生活空間を客人男性の立ち入りを許さない奥に設ける当時の慣習がふまえられている（創一八9－10参照）（注二）。そのような時代的、地域的制約はあるとしても、賢明な妻を得て、元気な子供たちに囲まれる姿を本篇は幸福な家庭の典型として描き出す。

4節は、1節と同じく、「ヤハウェをおそれる男」への祝福宣言。ゲベル「男」という語がここに用いられるのは、「ヤハウェをおそれる者」（1節）の祝福が、具体的に、「妻」と「子供たち」に重ねられたことをふまえるからである。ここにもまた、「男」（夫、父）を一家の主とみなす当時の慣習がふまえられている。

5－6節では、ふたたび、「あなた」に詠いかけられる。まずは5節前半で、神ヤハウェが「シオンから」から「あなたを祝福されるように」と詠われる。ヤハウェが住まうシオンは、ヤハウェ自身が「祝福」の源泉と定めた場所であり（詩一三三3）、そこは「生命の水」の源と信じられていた（詩四六5、エゼ四七1以下、ゼカ一四8他）。5節後半（「見よ、エルサレムの恵みを、あなたの全生涯にわたって」）は、ヤハウェをおそれる「あなた」には、生涯にわたって、シオン＝エルサレムからヤハウェの恵みが与えられる、という約束である。その「恵み」は子孫の繁栄として実現する（6節）。

本篇は、最後に、イスラエルの平和を願う短い祈りを添えて閉じられる。この祈りは本篇が巡礼歌集に収める際に付されたのであろう。同じ祈りが一二五篇の末尾にも添えられている。本詩の場合、これによって、冒頭で祝福を宣言される「ヤハウェをおそれ、かれの示す道を歩む者すべて」がイスラエルの民と重ねられることになる。

このような本篇各節の内容は、「思想と信仰」を先取りして記せば、次の三点にまとめられようか。第一に、夫が糧を得るために働き、妻が家庭を守り、元気な子供たちが授かるという、当時のごく一般的な家庭の「幸せ」に神ヤハウェからの祝福をみること、第二に、その祝福は神ヤハウェを「おそれる」者、すなわちヤハウェの「道」(=律法)」に沿った生活を営む者に与えられる「恵み」であること、そして第三に、祝福を与えるヤハウェはシオン=エルサレムに住まうがゆえに、シオン=エルサレムこそが「恵み」の源泉であり、それはイスラエルの平和へと広がってゆくこと、である。

本篇が「巡礼の歌集」に収められた背景には、子供を含む家族によるエルサレム神殿参詣が想定されるだろう。申命記は、「ヤハウェが名をおく場所」(=エルサレム神殿)に供儀・供物を奉納する人々が家族そろってヤハウェの前で食し、「手のはたらき」を喜ばなければならない、と繰り返す(申一二7、12、18他)。本篇は、そうした折に、妻子を伴う家族に向けて語られた祭司による祝福の詞であったにちがいない。

血縁と地縁を主な結合原理とした古代社会は、いうまでもなく、家族をその最小の単位とした。旧約聖書によれば、古代イスラエルは十二のシェーベト「部族」から、その部族は複数のミシュパハー「氏族」から、氏族はさらに複数のバイト「家族」から構成されていた（ヨシュ七14）。もっとも、部族や氏族の組織体としての実態や社会的機能については、ほとんどわかっていない（注三）。「家族」も、この場合、単一家族というよりは、親族共同体であって、ヘブライ語ではベート・アブ「父の家」（新共同訳「家系」他、新改訳「父祖の家」他）と呼ばれていた（民一2、4他）。

時代によって変化するベート・アブ「父の家」の規模や範囲を一様に論ずることはできないが、レビ記一八章のような親族間の性的タブーを定める聖書記述や考古学が明らかにしてきた住居の形態などをふまえ、ヴァン・デル・トールンは次のようにまとめている。「ベート・アブは核家族を指すこともあるが（士一四19）、通常は、それより大きな単位であり、両親と子供たちに加え、息子たちの配偶者とその子供たち、未婚の親族、僕や従者をも含んでいた（士一八22［一七5、12も］、ミカ七5―6）。多くの場合、ベート・アブは二つ、三つ、ないし四つの複合家屋から構成され、兄弟たちが共に住んでいた（申二五5、詩一三三1）」（注四）。

これに加え、レビ記二五章49節において、負債ゆえに身売りせざるをえなかった同胞を贖う（「買い戻す」）ことができると規定された「親族」（シェエール・ベサロー「彼の肉の肉」）が「父の家」を前提にしていたろう。さらには、墓制との関連も指摘しうる。パレスチナの海岸平野部においては、人型土棺や墓地遺構が示すように、個人墓が基本であったが、イスラエル人の墓は、かのマクペラの洞穴墓のように、岩盤を刳り貫いた集合墓が一般的であった（注五）。この集合墓は「父の家」の共有であったと思われる。「父の家」は、それとも関連し、申命記法が禁じながらも（申二六14）、実際には広く行われていた祖先祭祀の単位であった（注六）。

このような「父の家」の基本単位である家族が婚姻と出産によって維持されることは、いうまでもない。古代イスラエルの場合、家族の実態は詳しくわからないが、結婚、養子・養女縁組、遺産相続などに関わる契約文書が大量に残るメソポタミアやシリアのそれと大きく異なることはなかったろう。子供が授からないサラが仕え女《め》ハガルを夫に与える物語（創一六3）、二人の妻をもつヤコブやエルカナの事例（サム上一2）などが伝えられる。申命記は王が多くの妻を娶ってはならないと定めるが、多くの妻を娶った権力者の事例は事欠かない（士八30、サム下五13、王上一一3他）。契約の書は「別の妻」を娶る場合を、申命記法は二人の妻の存在を前提にする（出二一10、申二一15）。こうした家族関係に古代イスラエル社会の家父長的性格があらわれることは、論を俟たない。

それに対して、原初史（創一―一一章）は、一人の夫と一人の妻からはじまった人間社会が、二人の妻を娶るカインの末裔の時代を経て、「神の子」と呼ばれる者たちが思いのままに「人間の娘」を娶る洪水前夜へと至るまでを物語る。それとともに、洪水を生きのびたノアの家族が一夫一妻であったことを明示する（注七）。ここには、人間社会の基本単位である家族は一夫一妻であるべきことが示唆されていよう。私見によれば、それは原初史に畳み込まれた主張のひとつである。そして、一人の妻を「実を結ぶ葡萄の木」に、彼女によって授かった子供たちを「オリーブの若枝」にたとえる本篇は、家族観において、そうした主張の延長線上に位置するように思われる。

一夫多妻が公に認められていた古代イスラエルにおいて、一夫一妻を主張する根拠はどこにあったのか。一夫一妻自体は、生理学や心理学、さらには比較社会学などをふまえて、きめ細かく論ずべき主題であるが、古代イスラエルに限っていえば、それはヤハウェ唯一神信仰と無関係ではなかったろう。ホセア以来、神と民の関係は夫と妻の関係に重ねられ、異教の神々を崇拝することは「淫行」と捉えられてゆくが（ホセ四11―14、エレ二33以下、エゼ一六23他）、そうした神信仰と親和的な家族構成は、いうまでもなく、一夫一妻であって、一夫多妻ではなかったからである。最近の研究によれば、人類原初の家族形態は核家族であったという（注八）。

注

（一）創二5「土を耕す」（新共同訳）の「耕す」と訳される動詞アーバドは「仕える、働く」が原意。人間は「大地に仕える」存在として創造されたのである。

（二）住居によっては女性の部屋は二階であった（C. H. J. de Geus, The City of Women: Women's Place in Ancient Israelite Cities, SVT 61 [1995], pp. 75-86）。

（三）シェーベト「部族」にはマッテー（原意「幹、杖」）が、ミシュパハー「氏族」にはエレフ（原意

「千」）が同義に用いられ、「部族の長／指導者」（民一16、三〇2他）、「氏族の長」（民一〇4他）にも言及される。「長老七十人」がイスラエルを代表したともいわれる（出二四9、民一一16、エゼ八11他）。だが、これらの「長」や「長老」の選任母体や選任方法は不明である。

（四）K. van der Toorn, *Family Religion in Babylonia, Syria & Israel*, Leiden: Brill, 1996, p. 197.

（五）詳しくは、月本昭男「旧約聖書にみる埋葬習慣と他界観」、上智大学キリスト教文化研究所編『聖書の世界を発掘する―聖書考古学の現在―』（リトン、二〇一五年）、一一三―一四五頁参照。

（六）祖先祭祀を示唆する代表的な箇所は、サム上二〇6、サム下一八18、エレ一六6―8、トビト四17など。詳しくはK. van der Toorn, *op. cit.*, pp. 206-235を参照。

（七）創七13「ノアの妻と彼の息子の三人の妻たち」がそれを明示する（ノアの妻は単数、息子は三人）。「ノアの妻、この三人の息子の嫁たちも」（新共同訳）は、「三人」を「息子」の数とし、「妻」を「嫁」と訳して、二重の誤りをおかしている。

（八）エマニュエル・トッド（石崎晴己訳）『家族システムの起源（上・下）〔Ｉ ユーラシア〕』（藤原書店、二〇一六年）。

第129篇 シオンを憎む者たちは屋根の草

1 巡礼のうた。
私の若いときから、彼らは私に大いに敵対したが、
とイスラエルは言うがよい、
2 私の若いときから、彼らは私に大いに敵対したが、
彼らが私に勝つことはできなかった、と。
3 耕す者たちはわが背を耕し、
彼らの畝《うね》を長く伸ばしたが、

4 ヤハウェは義しい方であり、
邪悪な者たちの綱を断ち切ってくださった、と。
5 恥を蒙り、後ろに退くがよい、
シオンを憎む者たちは誰しも。
6 彼らは屋根の草のようになるがよい、
芽を伸ばすより前に枯れてしまって。
7 刈り入れる者がその掌《て》を、
穂を集める者が包み布を満たさないように。
8 通り過ぎる者たちが言うこともないように、
ヤハウェの祝福があなたがたに、と。
われらはあなたがたを祝福した、
ヤハウェのみ名によって。

訳注

〈1節〉

巡礼のうた。詩一二〇1の訳注参照。

私の若いときから。「私」はイスラエル。つまり、その初期の歴史から、との意。エレ二2、ホセ二17他。

大いに敵対したが。ラッバト「大いに」は「幾度となく」とも。主語は三人称複数「彼ら」。七十人訳「幾度となく戦いを挑んだ」。

〈2節〉

イスラエルは言うがよい。詩一一八2、一二四1参照。いずれの場合も、「言う」内容が反復される。

勝つことはできない。詩一三5参照。

〈3節〉

耕す者たちはわが背を耕し。「背を耕す」は他にみられない表現。ミカ三12「シオンは（敵に）耕されて畑となる」（→エレ二六18）、イザ五一23「（敵が）お前（＝エルサレム）の背を踏み越えて行く」などから、敵による強奪・蹂躙を意味しよう。ウガリト文書が描く、死者を悼む行為のなかに kʿ mq ytlt bmt「谷のように背を耕す」という表現がみえるが（KTU 1.5 vi 22）、これは「胸をかきむしる」といった意味合いであり、本節とは直接関わらない。七十人訳「わが背後で罪人たちは画策し」。死海写本（11QPs^{a}）も「耕す者たち」を「邪悪な者たち」と伝える。

彼らの畝を長く伸ばす。「畝」のケティヴはマアナーの複数形マアノート、ケレーは単数形マアニート。読み替えにアオノート「（彼らの）咎を」（→七十人訳「彼らの不法を伸ばす」）。ペシッタ「彼らの勝利へと」。

〈4節〉

ヤハウェは義しい方。ヤハウェをツァディーク「義しい方」と詠う箇所は他に詩一一7、一一二4、一一六5、一一九137、一四五17。「義しい」は「正しい（＝まっすぐである）」（申三二4）、「恵み深い」（詩一一六5）、「憐れみ深い」（詩一一二4）などと並ぶ。死海写本（11QPs[a]）ではヤハウェは「主」。

綱を断ち切る。アボート「綱」は隷属の比喩表現。詩二3参照。文脈上の意味については「構成、背景、主題」を参照。七十人訳「喉を切り刻む」。

〈5節〉

恥を蒙り、後ろに退くがよい。詩三五4、四〇15（＝七〇3）、イザ四二17などに似る。

シオンを憎む者たち。動詞サーネー「憎む」は「敵視する」から「嫌う、避ける」まで意味範囲は広く、シオン（＝エルサレム）を攻撃する敵対勢力でも、シオンに詣でようとしない同胞たちでもありうる。この点については「構成、主題、背景」を参照。

〈6節〉

屋根の草のように。屋根に生える草は根が張れないので乾季に耐えられない。王下一九26（＝イザ三七27）参照。但し、ガッゴート「屋根」をガンノート「園」と伝える写本あり。

芽を伸ばす前に（シェッカドマト・シャーラフ）。字義通りには「引き出す前に」。主語は「屋根の草」なので「引き出す」を「芽を伸ばす」との意味に解する。七十人訳は受動態で「引き抜かれる前に」（↓新共同訳他）。子音をそのままにした読み替えに「引き抜く者の前で」（シェッカドマト・ショレーフ）、「東風が枯らしてしまい」（シェカディーム・ティシュドーフ）。後者はイザ三七27（＝王下一九26）に基づく。

〈7節〉

刈り入れる者が……。「屋根の草」は成長する前に枯れるので、収穫期の麦のように、刈り入れ人や麦穂を集める人を喜ばせることはない。そのようになれ、ということ。

穂を集める者（メアッメール）。動詞アッメールの分詞形。伝統的には「束ねる者」。しかし、当時、麦は穂の部分だけを刈り取って集めた。動詞アッメールはオーメル「麦穂の山」ないしアミール「麦穂」からの派生動詞。

包み布（ホーツェン）。収穫物を運ぶために用いる布地。用例は他にネヘ五13、イザ四九22。死海写本（11QPs[a]）「腕」。七十人訳「胸」。

〈8節〉

ヤハウェの祝福があなたがたに。通り過ぎる人たちが収穫する者に語りかける挨拶。ルツ二4参照。死海写本（11QPs[a]）「あなたがたの神［ヤハウェの祝福が］」。

われらはあなた方を祝福した、ヤハウェのみ名によって。七十人訳はこれを「通り過ぎる者たち」の挨拶（前行）の続きとみる（↓口語訳、新改訳、新共同訳など）。しかし、「われらは祝福した」と動詞の完了形を用いている点で、挨拶ではなく、祝福の宣言（関根正雄訳、岩波訳、フランシスコ改訳など）。神殿に集うイスラエルの会衆に祭司たちが与えた祝詞であったろう。

構成、主題、背景

本詩は「私」ではじまるが、1節二行目からわかるように、イスラエルの民に向けた詩篇として編まれている。全体は前半部（1―4節）と後半部（5―8節）に分かれる。4節と8節の「ヤハウェ」を枠組みに見立て、4―8節を後半部とする見解もみられるが（↓新共同訳）、文体面では、3節と4節に動詞完了形が用いられるのに対し、5節で未完了形に変わること、内容面では、4節までが「私」への抑圧に関わるのに対し、5節からは「シオンを憎む者たち」の衰亡に焦点が移動することなどから、前半部と後半部の区切りは4節と5節の間におくべきである。

前半部（1―4節）では、詩篇一二四篇に似て、冒頭、「イスラエルは言うがよい」と呼びかける。「私の若いときから、彼らは私に大いに敵対したが、彼らは私に勝つことはできなかった」と言うがよい、と（2節）。「私」とは、この場合、イスラエルの民を指し、「若いとき」とは、注に示したように、その初期の歴史を意味する。この民はその歴史のはじめから敵に苦しめられたけれども、滅ぼされることはなかった、敵が「わが背を耕し、その畝を伸ばした」が（3節）、その「綱」を神ヤハウェが断ち切ってくださった（4節）、と詠う。

イスラエルに敵対した者たちは「彼ら」と三人称複数で表され、「耕す者」（3節）、「邪悪な者たち」（4節）と言い換えられる。だが、具体的に誰を念頭におくのかは明示されない。彼らの敵対行為は「わが背を耕す」、「畝を伸ばす」と表現される（3節）。「背を耕す」という表現は本詩以外に出ないが、預言書にみる「あなた（＝イスラエル）の背」（イザ五―23）や「耕す」（ミカ三12）といった用例から、イスラエルの地の強奪行為を指すとみられる。「耕す」に触発された「畝を伸ばす」という比喩も、敵がイスラエルの地にのさばることを意味しよう。イスラエルはその歴史のはじめから敵の攻撃に晒されたが、神ヤハウェは邪悪な敵の「綱」を断ち切り、この民を束縛から解き放ってくれた（4節）。「綱」は一般的に束縛を表すが、この場合、耕作に際して牛や驢馬をくびきに繋ぐ綱が連想されている。乾燥して固くなる西アジアの地面は、牛や驢馬をくびきに繋ぎ、犂を引かせて耕した。

このような前半部が、具体的に、どのような歴史上の出来事を念頭におくのかは明示されない。「背を耕す」（3節）が周辺民族による略奪行為を示唆するとすれば、士師時代が思い浮かぶだろう。「綱を断ち切る」（4節）が奴隷からの解放を念頭におくとすれば、エジプトにおける奴隷とそこからの解放の出来事が想起される。あるいは、出エジプトからバビロニア捕囚解放にいたる民の歴史の総体をこのようにまとめたのかも知れない。いずれにせよ、イスラエルは神ヤハウェによって敵による蹂躙や束縛から解き放たれた。前半部はそのことを告白せよ、と民に促す。

それに対して、後半部（5―8節）は「シオンを憎む者たち」が恥辱のなかに退却し、衰亡することを願う（注一）。とくに「屋根の草のようになるがよい」という表現には呪詛のような響きがある。建材の乏しいパレスチナでは、一般家屋の屋根は、細い木材をわたして、粘土で固められた。雨季になれば、そこに草が芽生えることもある。日本でも以前は農村に草の生える藁葺き屋根をみかけたが、西アジアでは、雨が一滴も降らない乾季の到来とともに、屋根の草は成長できずにいち早く枯れ果てる。「屋根の草のように」とはこうした光景から生まれた表現であったろう（イザ三七27も参照）。それは実ることも、収穫した穂が集められることもない（7節）。したがって、通り過ぎる人が刈り入れ人たちに祝辞を述べることもありえない（8節前半）。「シオンを憎む者たち」はそのような「屋根の草」になるがよい、というのである。

ならば、「シオンを憎む者たち」とは誰のことか。見解は二つに分かれる。一つには、エルサレムを攻撃する外敵が想定される。民はヤハウェによって敵の束縛から解放されたが（4節）、エルサレムはなお攻撃の的である。ここには、エルサレムを攻撃して、神ヤハウェに撃退される外敵（イザ二九7―8、エレ五一24―27、ゼカ一二9他）、エルサレムの城壁修復などを妨害した近隣の民（ネヘ二10、19、四1以下他）などが念頭におかれる。もう一つには、少数意見ではあるが、ヤハウェ信仰から離れた同胞が想定される（注二）。「恥を蒙り、後ろに退くがよい」がイスラエル内の敵に用いられる定型的表現らしいこと（詩三五4、四〇15＝七〇3）、動詞サーネー「憎む」は「嫌う、避ける」とも訳せるので（申二二13他）、「シオンを憎む者たち」はシオンに攻撃をもくろむ敵とは限らないこと、などが指摘されうる。

これらのいずれを採るべきか、判断しがたい。あるいは、「シオンを憎む者たち」とは、本詩が詠われる時代や状況に応じて、外敵とヤハウェに背く同胞のいずれとも解しうるように選ばれた表現であったのかも知れない。それが「誰しも＝すべて」を付した理由であったろうか。

最後に、「われらはあなたがたを祝福した、ヤハウェの名によって」という祝福が宣言される。

七十人訳以来、多くの訳はこれを「通り過ぎる者たち」の発言の続きと読む。だが、「ヤハウェの名」による祝福の宣言は祭司の発言であってこそ、ふさわしい（民六23―27参照）。その場合、この「あなたがた」は8節二行目のそれと同一でなく、1節で呼びかけられた「イスラエル」、すなわち神殿に集うイスラエルの会衆を指し（詩一一八26）、彼らに向けた祭司による祝福の宣言をもって本詩は締めくくられる、と読むことができる。

こうした読み方が正しいとすれば、冒頭で「イスラエルは言わなければならない」と会衆に促す一二四篇と同じく、本詩もまたエルサレム巡礼に訪れたイスラエルの会衆と祭司たちとの間で詠い交わされることを想定して編まれた作品であった、とみられよう。はじめに祭司が会衆に向かって、イスラエルを苦しめてきた敵の「綱」をシオンに住まう神ヤハウェは絶ち切ってくださった、と詠うように促す（1―4節）。続いて、「シオンを憎む者たち」に一種の呪いの言葉が浴びせかけられる（5―8節a）。この部分はシオンの平和と祝福を願う祈りと表裏をなし、会衆によって詠われることが想定されていた可能性がある。そして最後に、祭司たちがヤハウェの名による祝福を宣言する（8節b）。

本詩に際だつ特色の一つは、イスラエルの会衆が一人称単数で「私」と表現されることである（1―3節）。そこから、本詩はもともと個人の詩篇ではなかったか、といわれる。たしかに、1節「イスラエルは言うがよい」、5節「シオンを憎む者たち」、8節「われらはあなた方を祝福した」などを除外すれば、本詩は個人の詩篇として読みうる。だが、律法や預言書でイスラエルはしばしば一個の人格とみなされ、「あなた」と呼ばれる。また、ミカ七章8―10節の「私」、本詩と同じく冒頭で「イスラエルは言うがよい」と詠う詩篇一一八篇10―12節の「私」などもイスラエルを指す。したがって、本詩の「私」に個人を想定する必要はない。むしろ、イスラエルを「私」と表現することによって、神殿参詣者は自らをイスラエルの一員として自覚させられたのであろう。

本詩は、詩篇一二四篇と同じく、第二神殿時代の作品である。時代をさらに詳しく限定することも、背景に想定される祭礼を特定することもできないが、神殿に仕える祭司たちによって伝えられた作品のひとつであったことは疑いえない。

思想と信仰

本詩5節に出る「シオンを憎む者たち」という表現は、旧約聖書中、類例をみないが、死海文書に「シオンよ、……あなたを憎むものは誰しも散り散りになる」と詠う一種のシオン讃歌が残されている。以下、この本文を翻訳で紹介し、「思想と信仰」に換えることにしよう（注三）。

1 シオンよ、祝福へとあなたを想起し、
力を尽くして、2 私はあなたを愛する。
永遠に祝福あれ、あなたを想起する者に。
偉大なり、シオンよ、あなたへの希望は、

3来るべき平和とあなたの救いへの期待は。
世代から世代があなたのなかに住み、
敬虔な者の世代が4あなたの輝かしさ。
あなたの救いの日を待ち望む者は
あなたの栄光の豊かさに歓喜する。
あなたの栄光の乳房を5彼らは口に含み、
あなたの輝かしい広場にて踊り跳ねる。
あなたの預言者たちの慈しみを6想起して、
あなたは敬虔な者たちの業に輝くように。
あなたのなかから暴虐を斥けるように、
虚偽と7不正があなたから絶ち切られて。
あなたの子らはあなたのただなかで歓呼し、
あなたの愛する者たちはあなたに結ばれる。
8どれほど彼らはあなたの救いを待ち望み、
落ち度なき者たちはあなたを嘆くことか。
あなたの希望は消滅しない、9シオンよ、
あなたへの期待が忘れられることもない。

誰が滅亡しただろうか、義にありながら、
誰が救われただろうか、[10]不正をおかして。
人間は自分の歩みにしたがって試みられ、
人は自分の業にしたがって報いを受ける。
周囲にて、[11]シオンよ、あなたの敵対者らは絶たれ、
あなたを憎む者たちは誰しも散り散りにされよう。
あなたの讃美は喜ばしい香り、シオンよ、
[12]世界のすべてを越えてそれは広がる。
幾度となく、私は祝福へとあなたを想起し、
心を尽くして、私はあなたを祝福しよう。
[13]永遠にいたる義をあなたは受け入れ、
栄誉ある人々の祝福を得るであろう。
あなたについて語る[14]幻を受け取れ、
あなたを求める預言者たちの夢を。
シオンよ、高くあれ、また広くあれ、
[15]あなたを贖う、いと高き方を讃えよ。
わが魂はあなたの栄光を喜ぶだろう。

注

（一）5節と6節の未完了動詞を試訳は、多くの邦訳聖書と同じく、希求態で訳すが、ヘブライ語の未完了動詞は現在ないし未来を表しうるので、これを「恥を蒙り、後ろに退く／退こう」「屋根の草のようになる／なろう」と訳すことも可能である。じじつ、そう訳して、後半部をヤハウェが「邪悪な者たちの綱を断ち切られた」（4節）帰結と理解し、本詩全体を「信頼の詩篇」と解説する注解書も見受けられる（H.-J. Kraus, BK XV/2, S. 1043ff., L. C. Allen, *Psalms 101-150*, pp. 246ff. など）。だが、両節とも未完了動詞が文頭におかれること（G.-K., § 109 k）、「恥を蒙り、後ろに退くがよい」が定型的表現とみられること（詩三五4、四〇15＝七〇3）などから、これらが希求態であることはほぼ間違いない。七十人訳がこれらを三人称命令形で訳していることもそれを支持する。

（二）たとえば、A・ワイザー（大友陽子訳）『詩篇九〇―一五〇篇』（ATD旧約聖書注解14）、ATD・NTD聖書注解刊行会、一九八七年、二五三頁、F. Crüsemann, *Studien zur Formgeschichte von Hymnus und Danklied in Israel*, WMANT 32, Neukirchen 1969, S. 172f.; W. Brueggemann / W. H. Bellinger, Jr., *Psalms*, p. 549 など。

（三）本文はクムラン教団が残した、少なくとも三つの『詩篇』の巻物に収められていた（4Q 88 vii, 11QPs^{a} xxii, 11QPsb frg.6）。試訳は、行数も含め、本文が完全に残る11QPs^{a} xxiiによる。英訳はF. G. Martínez & E. J. C. Tigchelaar, *The Dead Sea Scrolls, Study Edition*, II, p. 1177; D. W. Parry & E. Tov, *The Dead Sea Scrolls Reader*, 2nd ed., II, 453-455 など。

第130篇
みもとには赦しがあって

1 巡礼のうた。

深い淵より、ヤハウェよ、
私はあなたに呼ばわりました、

2 主よ、どうか、わが声をお聞きください、
あなたの耳をわが嘆願の声に傾けて、と。

3 もし、ヤハ、あなたが咎を見張られるなら、

4
主よ、誰が立ちおおせるというのでしょう。
じつに、あなたのみもとには赦しがあって、
それゆえ、あなたは人々におそれられます。

5
私はヤハウェに望みをおき、
わが魂は望みをおいた。
かれの言葉を私は待ち望み、

6
わが魂は主を待ち望んだ、
夜回りが朝を、夜回りが
朝を待ち望むにもまして。

7
イスラエルよ、ヤハウェを待ち望め、
じつに、ヤハウェのみもとには慈愛が、
かれのみもとには贖いが豊かにある。

8
かれこそはイスラエルを
そのすべての咎から贖い出される。

訳注

〈1節〉

深い淵より。マアマッキーム「深い淵」はマアマーク「深み」の複数形。詩六九3、15「水底」やイザ五一10「海底」の「底」に同じ。光の届かない渾沌、絶望のどん底。「死の門」（詩九14）、「地の深淵」（詩七一20）などとほぼ同義。死海写本（11QPs[a]）はこの句の前に「主よ」をおく。

あなたに呼ばわりました。本詩はここと5、6節に動詞完了形を用いる。七十人訳はアオリスト時制で、ウルガータは完了形でこれらを訳す。ところが、近代語訳はおおむね現在形に置き換える。注解書の多くはこれを支持し、これを祈りにおける同時性（coincidentia）を表す完了形もしくは状態動詞の完了形（J.-M., §112a）などと説明する。しかし、詩六六17、ヨナ二3などでは、同じ動詞カーラー「呼ばわる」の完了形が過去時制で、5節の動詞キッワー「望みをおく、待ち望む」の完了形も詩四〇2では過去時制で訳される。試訳はこれらすべてを過去時制で訳す。しかし、本詩の文脈はこれらが過ぎ去った行為でなく、現在に続く行為であることを示唆しよう。

〈2節〉

あなたの耳を……。字義通りには「あなたの耳がわが嘆願を聞き入れてくださるように」。神ヤハウェの「耳」は詩一七6、三一3、七一2他。他方、偶像は「耳」があっても、聞くことができないと詠われる（詩一一五6、一三五17）。エジプトには、祈りを聞き届けてほしいという願いの、あるいは祈りを聞き届けてくれた感謝の「しるし」として「耳」を描いた奉納石板が数多く残る（Hossfeld / Zenger, *Psalmen 101-150*, S. 578f.）。

わが嘆願の声。詩二八2の訳注参照。

〈3節〉

ヤハ。ヤハウェの短縮形。これを欠く異本や古代訳有。七十人訳「主よ」。

咎を見張る。神ヤハウェが人間の罪過を逐一記録して、処罰をくだすこと。ホセ一三12参照。ヨブがそのような神に考えを変えてほしいと訴える（ヨブ一〇14、一四16など）。

主よ。多くの異本は「ヤハウェ」。

誰が立ちおおせるというのでしょう。「咎を見張る」神ヤハウェの処罰には誰も耐えることはできない。アーマド「立つ」のこのような用例はナホ一6、マラ三2、詩七六8他。

〈4節〉

赦し（セリハー）。サーラハ「赦す」の派生名詞。死海文書に多用されるが、旧約聖書ではダニ九9とネヘ九17に用いられるのみ（いずれも民の祈り）。前者ではラハミーム「憐れみ」の、後者ではヘセド「慈愛」の類義語。七十人訳ヒラスモス「償い」。神ヤハウェが「赦す」神であることは、詩二五11、三二1―2、八六5、一〇三3他。詩篇以外では出三四7―9、民一四18―20、エレ三一34など参照。本詩では「赦し」が7節で「慈愛」と「贖い」とに言い換えられる。

それゆえ、あなたは人々におそれられます。「人々に」は翻訳上の補い。別訳「あなたがおそれられるために」。七十人訳「あなたの律法（シナイ写本、アレクサンドリア写本は「あなたのみ名」）のゆえに」と訳し、次節につなげる。

〈5節〉

七十人訳の本節「あなたの律法（／み名）のゆえに、主よ、私はあなたを待ち望み、わが魂はあなたの言葉を待ち望んだ」。

望みをおく（キッワー）。次のホヒール「待ち望む」と同義。しいていえば、キッワーは「望む」に、ホヒールは「待つ」に重点が置かれる。詩二五5、21、四〇2他。

待ち望む（ホヒール）。詩篇では三八16、四二6、12、四三5など。

〈6節〉

七十人訳の本節は次節1行目までを含め「わが魂は主に希望を抱いた、早朝の見守りから夜まで。早朝の見守りから主に希望を抱け、イスラエル」。

わが魂は主を待ち望んだ。原文では「待ち望んだ」が省略。多くの写本は「主に」を「ヤハウェに」と伝える。

夜回りが朝を待ち望むにもまして。「夜回り」は「見張り」が原意。古代西アジアの諸都市では、日暮時、深夜、明け方と三回、四時間交代で夜警が行われた。詩六三7、九〇4など参照。この「待ち望む」も原文では省略される。死海写本（4QPs^{e}）「朝を［〔待ち望む〕夜］回りのように」。「朝」については「構成、主題、背景」を参照。

〈7節〉

イスラエルよ、ヤハウェを待ち望め。詩一三一3の冒頭に同じ。

贖い（ペドゥート）。次節の動詞パーダー「贖い出す」の派生名詞。旧約聖書の用例は他に出八19、詩一一一9。

〈8節〉

贖い出す（パーダー）。古くは、初子の代わりに動物を捧げることによって初子を生かすこと（出一三13、三四20他）。それが、ガーアル「贖う」と同様（詩一九15の訳注参照）、エジプトの奴隷やバビロニア捕囚からのイスラエル解放に（申七8、九26、イザ五〇2他）、虐げや苦境からの個人の救いに（サム下四9他）用いられる。詩篇でも罪や咎を赦して、個人や民を救う神の業を表す（二五22、二六11、三一6他）。

構成、主題、背景

本詩は、冒頭の一句「深き淵より」、さらに「夜回りが朝を待つにもまして」という表現でよく知られた作品である。「深き淵より」（ラテン語 de profundis）は楽曲になり（最近ではA・ペルト）、表題として文学に（たとえばO・ワイルド）、絵画に（たとえばG・ルオー）用いられてきた。

本詩全体は二節ずつが小さなまとまりをなし、四つの段落から構成されているとみうる。それを人称面から観察すると、神ヤハウェは1―2節と3―4節において直接「あなた」と二人称で呼びかけられるが、5―6節と7―8節では三人称に変わり、7―8節で呼びかけられるのはイスラエルである。詠い手は1―2節と5―6節に一人称「私」で登場するが、3―4節と7―8節では消えてしまう。

このような人称の変化にもかかわらず、本詩に統一感が失われないのは、全段落の最初の行に「ヤハウェ」（3節では短縮形）が配置され、それに「主」が続くからであろう（7節のみ「ヤハウェ」）。これに加え、反復表現が本詩全体を特色づけている。2節には「声」が、5節には「望みをおく」が、6節には「待ち望む」と「夜回りが朝を」が、7節には「みもとに」が反復される。節を跨げば、3節の「咎」を8節が受け、5節と6節は「わが魂」を繰り返す。

もっとも、最終段落におけるイスラエルへの呼びかけは唐突であるとみて、7―8節を二次的な編集の手に帰す注解も少なくない（最近ではHossfeld / Zenger, *Psalmen 101-150*, S. 572f.）。本詩は、元来、個人の祈りであったが、イスラエルを念頭においた編集段階で7―8節が付加された、と考えるからである。同じことは、一三一篇3節にもうかがわれる、と。

その一方で、本詩全体の統一性を主張する意見も根強い。その一つに、本詩は神ヤハウェに呼ばわって救われた信仰者の感謝の詩篇であり、感謝を捧げた後に、同胞（「イスラエル」）に向かって「ヤハウェを待ち望め」と促した、と解する意見がある（最近ではM. Weber, “*Aus Tiefen Rufe Ich Dich*”, Leipzig, 2003）。本詩を感謝の詩とみる理由は、1節「あなたを呼びました」、5節「ヤハウェに望みをおいた」、6節「主を待ち望んだ」などの完了形動詞がすでに実現した詠い手の救いを示唆する、とみるからである。あるいは、本詩の「私」は、詩篇一二九篇の「私」がそうであったように、人格化されたイスラエルを表し、7—8節はその「私＝イスラエル」の祈り（1—6節）に信頼の勧めをもって応答する祭司の言葉であった、と解される（最近では Allen, *Psalms 101-150*, p.257）。但し、「ヤハウェに望みをおいた」「主を待ち望んだ」と強調する詠い手（たち）に祭司が「ヤハウェを待ち望め」と促すとの解釈は、不自然さを免れないだろう。

これら、本詩の統一性をめぐる議論に最終的な決着をつけることは容易ではない。しかし、6節までは個人（「私」）の祈りでありながら、7—8節にイスラエルへの呼びかけがなされることによって、本詩がイスラエルの民の詩としても読み継がれたであろうことは想像に難くない。本詩のように、末尾にイスラエルの民への言及を付すことによって個人の祈りが民の詩篇として詠われる事例は、続く一三一篇の他に、三、二五、二八、三四の各篇などにもみられる。

以上のことをふまえつつ、以下、段落ごとの内容を確認してみよう。

1—2節。冒頭、絶望的な情況を印象づける比喩的表現「深い淵より」ではじまる。「深い淵」は「泥の深み」（詩六九3）や「海底」（イザ五一10）などと同じく、光の届かない渾沌の世界であり、神ヤハウェに救いを求める他に術のない絶望のどん底を表す。詠い手はそこから「嘆願の声」に耳を傾けてほしい、と神ヤハウェに訴えたのである。

3—4節。詠い手は三人称の文体を用いて、二つのことを神ヤハウェに向かって表明する。第一に、修辞疑問文によって、ヤハウェが人間の「咎」を逐一数え上げるとしたら、その処罰を免れる者は誰もいない、と訴える（3節）。それによって詠い手は、彼の陥った絶望的情況が自らの犯した罪過の結果ないし処罰であった可能性を暗示する。第二に、そのような罪過を赦すのもまた神ヤハウェの特質であり、人々がヤハウェにおそれを抱くのは処罰のゆえでなく、「赦し」のゆえである、と語りかける（4節）。そこには自らの罪過の赦しを願う詠い手の思いがこめられているかのようである。

5―6節。詠い手はふたたび一人称（「私」）を用いて、彼が神ヤハウェによる救いを待ち望んできたことを明言する。はじめの四行では、「私」を「わが魂」と言い換え、二つの動詞「望みをおく」「待ち望む」を反復させることによって、詠い手の希望は神ヤハウェ以外にないことを強調し、後の二行では朝を待ち望む「夜回り」の思いと重ねることによって、詠い手が救いの「朝」を待ち望んできたことを印象づける。

7―8節。ここで詠い手は一転して、「イスラエル」に「ヤハウェを待ち望め」と呼びかける。ヤハウェのもとには「慈愛」があり、「贖い」があり、イスラエルをあらゆる「咎」から贖い出されるからである。詠い手は5―6節で反復した動詞「待ち望む」を7節に用い、3節で述べた「咎」を8節に繰り返す。「ヤハウェのみもとに」ある「慈愛」と「贖い」は、4節の「赦し」の言い換えであるといってよい。つまり、詠い手は自らの信仰体験をそのまま「イスラエル」すなわち同胞への勧告にして、本詩を締めくくった。

では、このような本詩が「巡礼歌」とされた背景はどのように考えられようか。その点で、「夜回りが朝を（待ち望む）にもまして」と繰り返される6節に注目したい。というのも、「朝」はヤハウェの「裁定」がくだされ（エレ二一12、ゼファ三5）、祈りが聞き届けられる喜びの時でもあったからである（詩五4、三〇6、四六6、五九17、九〇14、一四三8など参照）。じっさい、巡礼者たちのなかには、エルサレム神殿境内の周囲に設けられた宿泊施設で夜を過ごし（詩一三四1参照）、ときには夜を徹して祈りを捧げる者もいた（詩一七3、七七7他）。そして、暁が夜の帳を打ち払う「朝」を彼らは祈りが聞き届けられた時として体験した（詩五七「構成、主題、背景」参照）。本詩はそのような巡礼者たちが「朝」を迎えて詠う詩篇として編まれたのではなかったか、と筆者は想定する。最後に「イスラエル」に呼びかけるのは、「朝」に次々と神殿に詣でる参詣者たちを念頭においていよう。こうした想定が間違っていなければ、本詩が「巡礼歌集」に収められた理由もおのずから明らかであろう。

思想と信仰

キリスト教の古い伝統は本詩を「七つの悔い改めの詩篇」の第六番目に数えてきた（詩六篇の「構成、主題、背景」参照）。本詩をコラール用に書き換え、プロテスタント教会最初の讃美歌集となった『八歌集（Achtliederbuch）』にこれを収めたM・ルターも「ああ、われらに罪は多かれど、神の慈愛はいやまされり」と本詩全体をまとめている（注一）。これらはいずれも罪の告白とその赦しを本詩の主題として理解したことを示す。本詩において詠い手は、直接、罪の告白をしているわけではないが、3―4節に詠い手による罪の告白とその赦免が読み取られたのである。7―8節でもイスラエルを

「咎から贖い出す」神ヤハウェが詠われる。

本詩は罪にアウォーン「咎」（4、8節）を、「赦し」にセリハーを用いる（4節）。アウォーン「咎」はハッタート「罪」とペシャア「背き」とともに、罪過を表す三つの代表的なヘブライ語の一つである（注二）。セリハーはサーラハ「赦す」の派生名詞（4節訳注参照）。その類語には、ナーサー「掲げる、背負う」とキッペール「覆う、拭う」がある。前者は罪過を「取り除く」という意味で用いられ（詩三二5の訳注参照）、後者は祭儀を通して穢れとしての罪を拭い去る行為を表す（詩六五4の訳注参照）。それに対して、神ヤハウェによる罪の赦免そのものを表す動詞がサーラハであった。

旧約聖書における動詞サーラハの用例は四十六を数え、ニファル受動態を除けば、すべて神ヤハウェを主語とする。その用例は大きく三通りに類別できるだろう。

第一は、祭儀法に用いられる受動態の用法である。その多くは、知らずして犯した罪を清める儀礼を定める規定の締めくくりに付される定型文「祭司がこうして彼／彼らのために罪を贖う儀式を行うと、彼／彼らの罪は赦される」（新共同訳）を構成する（レビ四20、26、31、35、五10、13、16、18、26）。ヘブライ語の動詞キッペール一語がここでは「罪を贖う儀式を行う」と訳されるが、より厳密にいえば、この動詞は「罪を贖う」のではなく、「穢れ」とみなされた「罪」を儀礼的に「拭う」ないし「祓う」行為を指す。その儀礼を祭司が定め通りに実行すれば、「彼／彼らの罪は赦される」。この場合の「罪」は人が気づかずに犯した過誤であり（レビ四1）、罪の赦免は祭司でなく、神ヤハウェによる（受動態「罪を赦される」における「赦す」主体は神ヤハウェである）。罪を「拭う」別の儀礼の場合も同様である（レビ一九22、民一五25）。

第二は、エレミヤ書におけるサーラハの用法である（動詞サーラハの用例が二回をこえる預言書は他にない）。とくにその救済預言には、ヤハウェがこの民の罪を一方的に赦すことが告げられる。罪の赦しが「新しい契約」の基礎となり（エレ三一34）、民の救いと回復の前提となるのである（同三三8、五〇20）。これらの預言内容は、異教崇拝などによって背いたイスラエルの民をけっして「赦さない」神ヤハウェの姿（申二九19、王下二四4、エレ五7、哀三42）とは対照的である。また、「赦し」が先立つという意味で、民の「立ち帰り」をその罪を「赦す」条件として提示する思想（王上八33―34、35―36、47―50、代下七14、イザ五五7、エレ三六3）とも一線を画す。

第三は、「赦し」を神ヤハウェの特性とみなす用例があげられる。罪を厳しく審くと同時に、罪を赦すヤハウェという両義性は、シナイにおいてモーセに顕現した神ヤハウェの言葉として明示される（出三四6―7//民一四18）。そこでは「審き」よりも「赦し」に重点がおかれ（注三）、「赦し」は神ヤハウェの本性である「憐れみ」と「恵み」、「慈愛」と「真実」に基礎づけられる。そして、民の罪の赦しを願うモーセの言葉（出三四9//民一四19）は罪の赦しを願う民の祈りの（詩七九9、ダニ九19他）、また個人の祈り（詩二五11、五一2―3他）の範型となってゆく。

「赦し」をめぐるこれらの用例のなかで、ヤハウェの「赦し」に訴える本詩が第三のそれに連なることは明らかであろう。その「赦し」（4節）を「慈愛」（7節）と言い換える背景もそこに求められよう（ネヘ九17参照）。本詩においてはその「慈愛」に「贖い」が加わる。イスラエルを「贖い出す」

ヤハウェの業は「慈愛」のはたらきに他ならない、とみたからである（詩四四27、六九17―19参照）。そして、そのような「赦し」にヤハウェへの「おそれ」すなわち神信仰の根拠を本詩はみてとっている。

注

（一）O bei uns ist der Sünden viel, bei Gott ist viel mehr Gnade.

（二）この三語が並ぶ古典的個所は出三四7。試訳では、基本的に、ハッタート／ハッターを「罪」、ペシャアを「背き／背きの罪」、アウォーンを「咎」と訳す。それぞれについては詩三二1―2の訳注参照。

（三）旧約聖書続編『シラ書』も「豊かな憐れみ」による罪の「赦し」と「激しい怒り」による「審き」というヤハウェの両面を指摘するが、重点は後者におかれる（シラ四5―7、一六11―12）。

第131篇 ヤハウェよ、わが心は驕らず

1 ダビデの巡礼のうた。
ヤハウェよ、わが心は驕らず、
わが眼は高ぶりませんでした。
私は大きな業に関わりませんでした、
私にとって不思議すぎる業には。
2 私はわが魂を静め、沈黙させたのです。
わが魂は母のもとで乳離れした子のよう、

私のもとで乳離れした子のようでした。
3 イスラエルよ、ヤハウェを待ち望め、
今より永遠まで。

訳　注

〈1節〉

ダビデの巡礼のうた。詩一二二、一二四、一三三の表詞に同じ。

心は驕らず。ガーバハ「驕る」の原意は「高くする」。次行ルーム「高ぶる」と同義。「心の驕り」は堕落や破滅をもたらし（イザ一〇12、エゼ二八2、5、代下二六16、三二25、箴一八12など）、ヤハウェに嫌われる（箴一六5）。

わが眼は高ぶりません。「眼が高ぶる」とは他者を見下すこと。他の用例はイザ二11、一〇12、箴三〇13など。

大きな業に関わらない。字義通りに訳せば「大きなこと（複数）のなかを進み行かない／歩まない」。ゲドロート「大きな業」と次行「不思議な業」は、ヨブ五9、九10などによれば、神による創造と救済の行為（詩八六10、一三六4、一四五5などでも）。ここでは、しかし、自分の能力をこえる大それたことに踏み込まなかった、ということであろう。

私にとって不思議すぎる業（ニフラオート・ミンメンニー）。「私（の力を）こえた」「私の手には負えない」不思議な業（複数）。ヨブが最後に神に語る言葉にも用いられる表現（ヨブ四二3）。

〈2節〉

私はわが魂を静め、沈黙させたのです。原文「もし、私がわが魂を静め、沈黙させなかったとすれば」。元来、「自分はどうなってもかまわない」といった主文を省略した誓いの文体。つまり、強い肯定を表す省略構文。神の前に魂を沈黙させる、という表現は詩三七7、六二1、6などにも。「沈黙して、待ち望むこと」。イザ四一1「わたし（＝神ヤハウェ）に沈黙せよ、島々」。ただし、ドーマムティ「沈黙させた」をローマムティ「高めた」と伝える異本があり、その場合、「私は自分を静めた（＝低めた）が、わが魂を（あなたに）高く掲げた」といった意味になる。七十人訳の本節は「もし、私が低い考えを抱かないで（＝へりくだらないで）、わが魂を高く掲げたとしたら」。

母のもとで／私のもとで乳離れした子。古代においては乳幼児の死亡率は高かったから、人々は乳幼児の乳離れを祝った（創二一8）。二マカ七27「三年間、乳を含ませ、養い」によれば、乳離れは三歳であった。当時の授乳期間が今日より長かったことはサム上一21―28などからも察しうる。ところで、本節二行目と三行目は文脈上の意味がとりにくい。そのために、現代語訳聖書では、七十人訳やラテン語諸訳などを参考に、様々な読み替えが試みられてきた。もっとも、七十人訳「母に対して乳離れした子のように、わが魂に対する報いのように（私はなっていただろう）」は意味が必ずしも明瞭ではない。とくにアンタポドシス「報い」を「報酬」と解するか、「処罰」と解するかで、意味は逆転する。七十人訳にならったラテン語訳は、一行目も含め、「もし、私が謙虚に思わず、わが魂を高く掲げたとしたら、母のうえにいる乳離れした子のように、わが魂に報復が〔あったろう〕」と訳す。他方、ヘブライ語に準じたラテン語訳は「私はわが魂を静め、沈黙させた、母のもとで乳離れした子のように、わがもとでわが魂も乳離れした」。その一方で、七十人訳シナイ写本は二行目を「あなたがわが魂に報いてくださるまで」と伝える。マソラ本文では「母のもとで乳離れした子」と「私のもとで乳離れした子」が同義的に詠われ、「母」と「私」が重なる。

〈3節〉
イスラエルよ、ヤハウェを待ち望め。詩一三〇7に同一句。
今より永遠まで。詩一一二一8、一二五2などに同一句。

構成、主題、背景

わずか三節からなる本篇は、一三三篇と同じく、一一七篇に次いで短い詩篇である。だが、一一七篇が常套句を並べるのに対して、詠い手である「私」が前面に出る本篇は、短いながら、個性を感じさせる作品である。

冒頭、詠い手は神ヤハウェに向かって、私は心を驕らせず、眼を高ぶらせることなどしなかった、と詠いかける。「心の驕り」が堕落や破滅を身に招くとは知恵文学的な人生の洞察であった。「傲慢は破滅に先立つ」(箴一六18)(注一)。詠い手は、自分の能力をこえた大事業に関わることはしなかった、とそれに続ける。「大きな業」と「私にとって不思議すぎる業」という表現によって詠い手が具体的にどのような事業を念頭においたのかは、定かではない。この二つの表現は、訳注に示したように、神の業を指すことが多い。ここでは、しかし、周囲の人々が目をみはるような大事業を表しているのであろう。詠い手はそうした大事業に関わることなく、ごく平凡に生きてきた。

2節一行目では、そのことが「私はわが魂を静め、沈黙させました」と詠われる。大きな志を抱くことも、深く心に期するところもなくはなかったが、そうしたはやる気持ちを抑え、むしろ、抑制ある生き方をしてきた、と詠い手は告白していると読めようか。それに説明を加えるのが2節の二―三行目である。もっとも、ここに繰り返される「乳離れした子ども」をどのように理解したらよいのか、読み替えも含め、意見は分かれる。すでに、七十人訳がその意味を把握しかねたようであり、ラテン語訳は二通りの訳を伝えている（詳細は訳注参照）。

古代イスラエルにおける「乳離れ」は三歳が一般的であったらしい（2節訳注参照）。子どもが乳離れになると、祝宴が設けられた（創二一8）。乳離れした子は、もはや、泣けば母乳にありつける、ということはない。大人と同じく食事によって栄養を摂取しなければならない。だが、その一方で、自分では食物を調達することも、調理することもできず、母親が食物を準備してくれるまで待たねばならない。乳離れした子は、それゆえ、乳幼児とは別の意味で、母親に依存せねばならない存在である（→マタ一八3）。詠い手は、2節二―三行において、自ら（「わが魂」）が神ヤハウェに対してそのような存在であることを告白する。

このような理解が間違っていなければ、本篇は、大それたことに心を奪われず、いわば分相応の静かな人生を送ってきた一人の信仰者が自らをそのままに神ヤハウェの前に披歴した作品と読むことができるだろう。そのような「私」が1節では三つの動詞否定句（「心は驕らず」「眼は高ぶらず」「大きな業に関わらず」）をもって、2節では三つの肯定句（「わが魂を静め」「沈黙させ」「乳離れした子のよう」）をもって詠われる。

それに対して、イスラエルへの呼びかけではじまる3節は唐突な印象を免れない。この呼びかけは、1―2節に詠われた個人の詩篇を巡礼歌集に組み込む際に加えられたものにちがいない。「ヤハウェを待ち望め」は先行する詩一三〇篇7節から、「今より永遠まで」は詩一二一篇8節もしくは一二五篇2節から採られている。それによって、個人の詩であった本篇が民の詩として詠い継がれることになった。その際、「私」はヤハウェに信頼して静かに暮らす弱小の民の姿に重ねられたであろうことは想像に難くない。

ところで、2節の後半部には「私のもとで乳離れした子ども」と詠われる。ここから、本詩は、元来、子どもを育てた婦人によって詠われた作品ではなかったか、と想定されてきた。旧約聖書に女性の歌はミルヤムの歌（出一五21）、デボラの歌（士五2―31）、ハンナの歌（サム上二2―10）などが伝えられている。詩篇に女性の詩が伝えられていても、なんら不思議はない。詩篇五六篇が女性の作品であった可能性があることは、すでに指摘した。

本篇の本体部分（1―2節）の成立時期を正確に見定めることはできない。1節の前半（「わが心は驕らず、わが眼は高ぶらなかった」）は箴言に、後半（「私にとって不思議すぎる業」）はヨブ記に用例があり、それらを知恵文学的要素として認めうるとすれば、本詩の成立は第二神殿時代も比較的遅い時期に想定されようか。

思想と信仰

沈黙は旧約聖書、なかでも詩篇に繰り返される重要モティーフの一つである。個人の祈りは、しばしば、神に「沈黙しないでください」と訴える（詩二八1、三五22、三九13、一〇九1）。同様の嘆きは民の詩篇でも発せられる（八三2）。その一方で、神の前に沈黙を守る、といった表現も散見する（三七7、三九3、六二2、6他）。神の前に沈黙するとは、その場合、すべてを神に委ねるという態度である。神に信頼して、救いを待ち望むことである。すでに預言者イザヤが外国の攻撃を危惧する民にそうした態度を促していた（イザ七4、三〇15）。沈黙して待ち望むことに救いがある、と哀歌も詠う（哀三26）。こうした姿勢は、雄弁よりも沈黙を勧める知恵文学的人生観に引き継がれてゆく（箴一〇19、コヘ五1―2）。

しかし、本詩が「私はわが魂を静め、沈黙させた」と詠うとき、こうした「沈黙」の思想とはいささか趣を異にする。大きな事業に携わることをしなかった詠い手は、むしろ、ごくふつうの人生を心静かに送ってきたのである。前述したように、そもそも一人の婦人が本篇の詠い手であったとすれば、彼女は家庭を守り、子供を育てること以外の社会的な仕事などには関わることなく、進んで平凡な生き方を選んだのであろう。あるいは、たとい望んだとしても、それ以外の道は彼女に閉ざされていたのかもしれない。

そうした日常の生活のなかに響く神の声は「かそけき声」である。それを聞き分けるために、人は心を静め、沈黙しなければならない。自らの魂を沈黙させた、と詠う本篇に表されたのはそうした意味での沈黙である。魂を静め、神への信頼のなかに生きる平凡な日常のなかで詠い手は「沈黙の対話」を神と交わしたのである。そうした婦人の一人が詠ったとみられるこの短詩は、同様の境遇にあった婦人たちに詠い継がれ、最終的に、民の詩として受け継がれた。そのような穏やかな婦人たちの祈りは、驕ることなく、騒ぎ立つことなく、穏やかに生かされることであって、イスラエルが偉大な国になることではなかった。「ヤハウェを待ち望め」という会衆への呼びかけはこれを受けている。

注

（一）東京師範学校の留学生として内村鑑三の講筵に連なった金教臣《キムギョウシン》は植民地時代に伝道誌『聖書朝鮮』を刊行したが、ベルリン・オリンピックのマラソン優勝者孫基禎《ソンキジョン》を育てた教師でもあった。孫基禎の優勝を知った彼は『聖書朝鮮』の一九三六年九月号に「孫基禎君の世界マラソン制覇」（原文ハングル。『金教臣信仰著作集』第二巻［ソウル、一九六五］三七頁）と題する文章を載せ、箴一六18「傲慢は敗亡に先立つ」を引用して弟子の勝利を喜んだ。競技に先立ち、自分が優勝すると豪語する選手は敗れ、貧弱な施設しかなかった養正高等普通学校出身の孫基禎が優勝したからである。日本の代表選手として走った孫基禎が映る表彰台の写真では、胸の「日の丸」は塗りつぶされていた。

第132篇

シオンこそ、わが憩いの場

1 巡礼のうた。
想い起こしてください、ヤハウェ、
ダビデのことを、彼の労苦のすべてを。
2 彼はヤハウェに誓って、
ヤコブの強き方に誓願を立てた、
3 わたしはわが家の幕屋に入らず、
わが寝台の床《とこ》にも上がらない、と。

4 わが眼には眠りを許さない、
瞼にはまどろみさえも、
5 ヤハウェのために場所を、
ヤコブの強き方のために
住まいを見つけ出すまでは、と。
6 そう、われらはエフラタで聞きつけ、
ヤアルの野でそれを見つけ出した。
7 われらはみ住まいに入って、
み足の踏み台にひれ伏そう。
8 立ち上がってください、ヤハウェ、
あなたの憩いの場所へと、
あなたが、またあなたの力の箱が。
9 あなたの祭司たちは義を纏い、
あなたに信実な者たちは歓呼しましょう。
10 あなたの僕ダビデのゆえに、

あなたの油注がれた者を拒まないでください。
11 ヤハウェはダビデに誓われた、
翻《ひるがえ》すことのない真実をもって、
わたしはお前の胎の実を
お前の座に就かせる、と。
12 もし、お前の息子らがわが契約と
わたしの教える定めを守るならば、
彼らの息子らもまた永久に
お前の玉座に座すであろう、と。
13 じつに、ヤハウェはシオンを選び、
望んで、そこを住む場所とされた。
14 これこそが永久にわが憩いの場所、
わたしは望んで、ここに住まう、と。
15 その食糧をわたしは大いに祝福して、
その貧しい者たちをパンで飽かせる。

16 その祭司たちにわたしは救いを纏わせ、
その信実な者たちは大いに歓呼しよう。
17 ここでわたしはダビデの角を芽生えさせる、
わが油注がれた者のために灯を調えたから。
18 彼の敵たちには恥辱を纏わせ、
彼のうえには冠が輝くだろう。

訳　注

〈1節〉

彼の労苦。ウンノート「労苦」はウンナー「苦しめられる」（イザ五三4他）の不定詞。七十人訳「ダビデと彼のあらゆる謙遜を」に基づき「柔和」「謙遜」などとも訳されるが、ダビデが「わが労苦のなかで」神殿建立の準備をした記事（代上二二14の「労苦」オンイーは、ウンナーと同語根語）と通じる。

〈2節〉

ヤコブの強き方（アビール・ヤアコーブ）。5節にも。父祖時代に遡る神の呼称といわれる（A・アルト）。創四九24、イザ四九26、六〇16。イザ一24には「イスラエルの強き方」。七十人訳「ヤコブの神」（5節でも）。

誓願を立てた。神ヤハウェのために神殿を建立する場所を見定めるまでは、まどろまない、との誓願

（3―5節）。但し、サムエル記のダビデ物語にこのような「誓願」の記事はみられない。

〈3節〉

わが家の幕屋／わが寝台の床。いずれも類語を反復し、「家」と「寝台」を強調するヘブライ語の用法。

〈4節〉

わが瞼にはまどろみさえも。前行「許さない」の原意は「与えない」。七十人訳はこれに「わがこめかみに憩いを与えない」を加える。

〈5節〉

場所／住まい。どちらも神殿を表す。「場所」については申一二5、14他、ミシュカノート「住まい」（複数形）については詩八四2他参照。

〈6節〉

エフラタで聞きつけ。エフラタはダビデの出身地ベツレヘムの別名（創三五19、ミカ五1、ルツ四11）。ダビデは「エフラタ人」（サム上一七12）。「聞きつけ」は原文「それを聞き」。「それ」はヤハウェの「み力の箱」（8節）。次行の「それ」も。

ヤアルの野。他には出ない地名。「ヤハウェの箱」がしばらく留めおかれたキルヤト・イェアリム（サム上六21、代上一三5以下）のイェアリムがヤアルと伝えられたらしい。七十人訳は一般名詞ヤアルと理解し「森の野（複数）で」。

〈7節〉

み足の踏み台。地が「わが足の踏み台」（イザ六六1）、エルサレムが「み足の踏み台」（哀二1）などと呼ばれるが、ここではヤハウェの「契約の箱」が安置された神殿を指す（代上二八2）。七十人訳「かれの足が立った場所に」。

〈8節〉

8―10節は多少表現を変えて、代下六41―42に引用。

憩いの場所（メヌーハー）。代下六41ではヌーアハ「憩い」。代上二八2ではエルサレム神殿が「ヤハウェの契約の箱のための憩いの家」と呼ばれる（民一〇33も参照）。ここでもエルサレム神殿を指す（14節も）。

あなたの力の箱。「契約の箱」「証しの箱」などと呼ばれる「ヤハウェの箱」のこと。その構造は出二五10―22に記される。伝統的に「贖いの座」と訳される上蓋にはケルビムの彫刻がつけられた。箱は神ヤハウェの臨在を表し（民一〇35―36他）、十戒を刻んだ二枚の石板が納められ（申一〇1以下、他）、マナの入った壺とアロンの杖が入っていたとも伝えられる（出一六33―34、民一七25、ヘブ九4）。七十人訳「あなたの聖所の／聖性の箱」。

〈9節〉

義を纏う。ヨブ二九14、イザ五九17に類似表現。

〈10節〉

あなたに信実な者たち。16節にもでる表現。詩四3の訳注参照。ここでは神殿に詣でる会衆。

あなたの僕ダビデのゆえに。列王記に反復される「ダビデのゆえに」（王上一一13、一五4他）の前置詞はレマアン、ここではバアブール。後者がダビデに用いられる用例は他に代上一七19「あなたの僕のゆえに」のみ。

拒まないでください。字義通りには、「あなたの油注がれた者の顔を背けさせないでください」。

〈11節〉

ダビデに誓われた。詩八九4―5、36―38参照。

翻ることのない。七十人訳「それを拒むことはない」。

お前の胎の実。ダビデの子孫。サム下七12をふまえる。

〈12節〉

本節は内容的に王上八25、九4―5（＝代下六16、代下七17―18）をふまえる。

わが契約と……定めを。「わが契約」はダビデ契約（サム下二三5、詩八九4）でなく、「定め」と同様、「律法」を指す（王下一七15、詩二五10）。申一七18―19も参照。エドート「定め」の七十人訳はマルテュリア「証し」（いずれも複数）。

玉座に座す。死海写本（11QPs[a]）「玉座に上る」。

〈13節〉

シオンを選ぶ。シオンの「選び」は詩七八68他。本節はヤハウェの発言（14―18節）の導入。なお、七十人訳は次行「望む」にもアイレティゾー「選ぶ」という動詞を充てる。

〈15節〉

その食糧（ツァイド）。以下に繰り返される「その」はシオンの。七十人訳テーラ「狩猟」（↑ツァイヤード）。

貧しい者たちを。ヤハウェによる貧者保護は詩一〇四27、一四五15―16他。

〈16節〉

本節は代下六41に引用される。

救いを纏わせる。9節では「義を纏う」。イザ六一10参照。

〈17節〉

ダビデの角を芽生えさせる。「角」は強い王を象徴。エゼ二九21「わたしはイスラエルの家に角を芽生えさせる」。シラ書（ヘブライ語版）五一12も参照。

灯。ダビデの子孫の比喩。王下八19＝代下二一7他。

〈18節〉

冠が輝く。「彼の冠が輝く」。そのまま「その（＝彼の）花が咲く」とも訳せる。七十人訳「わが聖性が咲くだろう」。

構成、主題、背景

比較的短い作品が並ぶ「巡礼歌集」（詩一二〇―一三四篇）のなかで本詩は最も長く、その全体は前半（1―10節）と後半（11―18節）とに分かれる。

前半では、冒頭、神ヤハウェに呼びかけて「思い起こしてください、ダビデのことを、彼の労苦のすべてを」と訴える。ダビデの「労苦」とは、ヤハウェの「住まい」となる「場所」を見つけ出すまでは、家で眠ることもまどろむこともしない、と彼がヤハウェに誓って、そのように尽力したこと（2―5節）。もっとも、ダビデのこのような「誓い」は、サムエル記にも歴代誌にも伝えられてはいないので、これがいかなる伝承に基づくのかは詳らかではない。「労苦」に関しては、歴代誌上二二章14節に、ダビデが神殿建立のために「労苦」したことが伝えられる。同二二章1節によれば、エルサレム神殿を建立する場所を見定めたのはダビデであった。

本詩は続いて「われらはエフラタで聞きつけ、ヤアルの野でそれを見つけ出した」と詠う（6節）。「われら」はエルサレム神殿に詣でたイスラエルの会衆を指すとみられる。ここから、ヤハウェに「思い起こしてください」（1節）、「立ち上がってください」（6節）と呼びかけたのは、この「われら」であったことがわかる。「聞きつけ（←それを聞き）」「それを見つけ出した」の「それ」は8節に言及される「あなたの力の箱」（「ヤハウェの箱」）を指す。「われら」が「それを見つけ出した」ということは、現実にはあり得ないが、神殿に詣でた会衆（「われら」）は、かつてエフラタ（＝ベツレヘム）に近いキルヤト・イェアリムにおかれていた「ヤハウェの箱」がエルサレムに搬入された歴史伝承（サム下六1―19、代上一三、一五1―一六3）を想起し、そこに自分たちを重ねたのであろう。そして、「ヤハウェの箱」が神殿に安置されたように、「われら」も神殿（「み住まい」）に入り、本殿（「み足の踏み台」）に向かってひれ伏そう、と詠う（7節）。

8―10節はその「われら」の願いである。願いは、神ヤハウェとヤハウェの臨在を象徴する「力の箱」が、祭司と会衆の歓呼のなか、神殿（「憩いの場所」）に迎え入れられること（8―9節）、それとともに、ダビデの末裔がヤハウェに「油注がれた者」として受け入れられることである（10節）。「あなたの僕ダビデのゆえに」（10節）とは、ダビデによる誓い（1節）とダビデに与えたヤハウェの誓い（11―12節）のゆえに、という意味である。

後半（11―18節）では、ヤハウェの言葉を引いて、二つのことが詠われる。一つはヤハウェによるダビデ王朝永続の誓いであり（11―12節）、もう一つはヤハウェによるシオンの選びとシオンでの「油注がれた者」の擁立（14―18節）である。いずれも、形式的には、導入文（11節、13節）とヤハウェの言葉の引用をもって構成され、内容的には、それが前半への応答となっている。ダビデ王朝永続の誓いはダビデによる誓い（2―5節）へのヤハウェの応答であり、シオンの選びと「油注がれた者」の擁立は「われら」の願い（8―10節）に対する実現の約束である。用語の面でも、14節「憩いの場所」は8節を、16節「祭司たち」「信実な者たち」は9節を、17節「油注がれた者」は10節を受ける。

本詩は、このように、ダビデの「誓い」をヤハウェに想起させ、「われら」の願いを表明する前半に、ヤハウェによる「ダビデへの誓い」と「シオンの選び」を詠う後半を対応させて、全体をまとめ上げた。その主題が「シオンの選び」と「ダビデ王朝永続の約束」にあることは言を俟たない。

ところが、本詩が詠われた時代とその背景は必ずしも自明でなく、研究者の見解も一様ではない。ヤハウェの「箱」への言及やダビデ王朝永続の約束から、本詩を王国時代の作品とみる見解がある一方、17―18節のメシア待望や祭司に付された役割（9、16節）を根拠に第二神殿時代を想定する見解も根づよい。両者の意見を生かし、ヤハウェの「力の箱」やダビデによる「誓い」といった、王国時代に遡る独自の伝承を用いつつ、本詩全体は第二神殿時代に作成された、といった見方もありうる。たしかに、「あなたの油注がれた者」（10節）はメシア到来の待望と重ねられたであろうし、「ダビデの角を芽生えさせる」の「角の芽生え」も理想の指導者の到来を思わせよう（エゼ二九21他）。「思想と信仰」で触れる本詩と歴代誌との関連は、両者がそうかけ離れていない時期に編まれたことを想定させるだろう。

本詩が「巡礼詩集」に組み込まれた理由は想像に難くない。7節「われらはみ住まいに入って、……ひれ伏そう」や13節のヤハウェによる「シオンの選び」はエルサレム神殿参詣と直結するからである。また、本詩が「巡礼詩集」に入っていること自体が、エルサレム参詣者たちの願いの一つにダビデ王朝の再興があったことを教えてくれる。

思想と信仰

サムエル記から列王記に続く申命記的歴史記述によれば、エルサレム神殿を建立したのはソロモンであって、ダビデがそのために特段の準備をしたとは記されていない。ところが、歴代誌では、ダビデがエルサレム神殿の場所を定め、神殿の建設資材を調達し、あらゆる職人を招集して、ソロモンによる神殿建立を準備する（同二二1―19）。ダビデはまた、神殿全体および祭具の設計図を作成させてソロモンに手渡し（同二八9―21）、神殿を飾る貴金属や宝石の類までも調達して、ソロモンが計画に沿って神殿建立を果たせるために祈りを捧げたという（同二九1―9、19）。建物に限られない。ダビデは神殿に勤める祭司やレビ人の人的組織を整備し、楽士や詠唱者から門衛にいたる神殿奉仕者の組分けまで行ったと記される（同二三～二六章）。

歴代誌は、冒頭におかれた種々の系譜を別にすれば、サムエル記と列王記を主な資料として、ダビデ王朝の起源から消滅までを綴る歴史記述である。ダビデ・ソロモンにまつわる不都合な記事は大胆に削除する一方、独自の視点から資料を補った箇所も少なくない。後者の代表的な事例が、エルサレム神殿建築の準備と神殿組織の確立をダビデに帰する歴代誌上二二～二九章である。では、神殿の確立に果たしたダビデの役割を歴代誌がことさら強調する理由はどこにあったのか。

歴代誌史家は、一方で、申命記的歴史記述が重視したダビデの選びとダビデ王朝永続の約束をそのまま継承したが、他方では、「わたしは彼（＝ダビデの子孫）を永遠にわが家、わが王国に立たせる」（代上一七14）（注一）といったヤハウェの言葉に示されるように、「わが家、わが王国」すなわちエルサレム神殿の存在をダビデ王朝存立の前提とみなした。ヤハウェはダビデとその末裔をヤハウェ自身の「王国」の座に就かせた、とも繰り返す（代上二八5、二九23他）。それゆえ、歴代誌史家にとっては、ダビデ王朝がダビデにはじまるように、ヤハウェの「王国」を象徴するエルサレム神殿もまたダビデにはじまらなければならなかったのである。

もっとも、歴代誌がサムエル記や列王記に大幅な変更を加えて編纂されたとき（注二）、ダビデ王朝は消滅してすでに久しかった。バビロニア捕囚帰還後に再建された第二神殿は民の宗教生活の中心として機能していたが、ダビデ王朝永続の約束は反故にされてしまったかのようであった。そこで歴代誌史家は、神殿建立を果たしたソロモンの祈り（王上八12―53）を引用するに際して（代下六1―42）、出エジプトの出来事と重ねて捕囚からの解放を願う締めくくり（王上八50―53）を省き、それに代えて、「油注がれた者」の到来を待望する文言を新たに加えて、ソロモンの祈りの締めくくりとしたのである（代下六41―42）。この新たな締めくくりは、しかも、本詩8―10節からの引用であった。

いまや、立ち上がってください、神ヤハウェ、あなたの憩いへと、あなたが、またあなたの力の箱が。あなたの祭司たちは、神ヤハウェ、救いを纏い、あなたに信実な者たちは幸せを喜びましょう。神ヤハウェ、あなたの油注がれた者を拒まないでください。あなたの僕ダビデへの慈愛を思い起こしてください。

ここには本詩を引用する際に施した幾多の修正の形跡がうかがわれる（傍線部分）。最後の一文などは、本詩10節の前置詞句「あなたの僕ダビデのゆえに」の大幅な敷衍である。「義を纏い」から「救いを纏い」への変更などは本詩16節に基づく。歴代誌には、この他にも、本詩と関連する表現が散見する（1節「その労苦」、7節「み足の踏み台」、「あなたの僕ダビデのゆえに」の訳注を参照）。

こうした事実は、本詩の思想が歴代誌史家のそれと軌を一にしていたことを示すだろう。イスラエルは、ダビデ・ソロモンの時代がそうであり、ダビデへの約束がそうであったように、エルサレム神殿を中心とするヤハウェの「王国」とダビデの末裔が支配する「王国」によって二重に枠づけられた鞏固な「ヤハウェの民」でなければならない。こうした思想は、すでにエゼキエル預言に萌し（エゼ三七24―28他）、捕囚帰還後、ゼカリヤは「二人のメシア」（ゼカ四14）として語り出していたが、ダビデ王朝の再興はついぞ実現しなかった。であればなおのこと、メシア待望が人々の間に深く浸透し、ダビデ王朝永続の約束がその根拠とみなされたのである。本詩は、詩篇八九篇4節や50節にならって、それをヤハウェの「誓い」として詠い継いだ作品とみられよう。

注

（一）歴代誌史家は意図してサム下七16の「あなたの家／王国」を「わが家／王国」と変更した。
（二）歴代誌の著作年代は、ペルシア帝国でダレイオス時代から使われはじめた単位「ダリク」（代上二九7）から上限はペルシア時代中期（前五世紀初頭）、ヘレニズムの影響が認め難いことなどから下限はペルシア時代末期（前四世紀中葉）を想定しうる。しかし、それ以上の絞り込みは難しい。

第133篇

ヘルモンにおりる露のよう

1 ダビデの巡礼のうた。

みよ、なんと美しく、なんと麗しいことか、
兄弟たちがなおひとつに座すということは。
2 頭に注がれたかぐわしい油のよう、
髭に、アロンの髭にしたたり落ち、
その衣の襟もとにしたたり落ちる。
3 またヘルモンにおりる露のよう、

シオンの山々にしたたり落ちる。
じつに、そこにて、ヤハウェは祝福を、
永遠にいたるまで、生命を命じられた。

訳　注

死海写本（11QPs^a, 11QPs^b）は、詩一二五篇、一二八篇の末尾と同様、本詩の末尾に「イスラエルに平和あれ」を加える。また、死海写本（11QPs^a）は、一二〇篇からはじまる「巡礼歌集」のうち、一三三篇を一四一篇の後に配置する。

〈1節〉

ダビデの巡礼のうた。詩一二二、一二四、一三一の表詞に同じ。但し、「ダビデの」を欠く写本や古代訳有。

なんと美しく、なんと麗しいことか。トーブ「美しい」は「よい」が原意。文脈によって「善」「幸い」「恵み」など、様々な訳が可能な語。「麗しい」と訳したヘブライ語ナイームは「喜ばしい」「愛らしい」「慕わしい」などとも。とくに雅一16、七7、サム下一23、26などでは愛情や友情関係に用いられる。詩一三五3では両語が神ヤハウェに用いられ、詩一四七1でも両語が並ぶ（ヨブ三六11、箴二四25なども参照）。七十人訳は、次注参照。

兄弟たちがなおひとつに座すということ。原文は不定詞句。アヒーム「兄弟たち」は狭義には兄と弟、広義にはイスラエルの同胞を意味するが、他にも、家族から部族にまでいたる大小の親族や職業上の同僚、南・北イスラエル関係、ユダヤ居住民とディアスポラの関係などが「兄弟」として表される。ヤーシャブ「座す」はそのまま「住む」（関根正雄訳、新改訳、岩波委員会版、フランシスコ会訳）、「留まる」（口語訳「共にいる」）などとも訳せる動詞。「なおひとつに」と訳したガム・ヤハドのガム「もまた」は強意の小辞と思われるが、ヤハド「ひとつに」は空間的に「一緒に」とも、友好関係を表すとみて「和合して」とも、政治的統一を念頭におき「統合して、一致して」などとも訳しうる。したがって、本行は種々の翻訳と解釈が可能。七十人訳「兄弟たちが一緒に座すことを他にして、何が素晴らしく、また何が喜ばしいというのか」。

〈2節〉

頭に注がれたかぐわしい油。「かぐわしい油」は原意「よい油」。七十人訳はこれをミュロン「注ぎ油、香油」の一語で訳す。「注がれた」は翻訳上の補い。出二九7、レビ八12によれば、祭司アロンは頭に油を注がれた。大祭司は、王と同様、任職式において頭に油を注がれたのである（出四〇15）。

アロンの髭にしたたり落ち。祭司は髭を剃り落としてはならなかった（レビ二一5）。ヤーラド「したたり落ちる」は「下る」が原意。

衣の襟もとにしたたり落ちる。「衣の襟もと」をそのまま訳せば「衣の口」（七十人訳「襟」）。出二八32、三九23など参照（いずれも祭服）。祭司の濃く長い髭を念頭におき、「衣の襟もとまで垂れ下がる（アロンの髭に）」とも解しうるが（O. Keel）、「かぐわしい油」や「露」の「したたり落ちる」さまをヤハウェの「祝福」（3節）と重ねているのであろう。

〈3節〉

ヘルモンにおりる露。原文「ヘルモンの露」。ヘルモンはアンティレバノン山脈南端の高山。標高二八一四メートル。冬に積もった雪はヨルダン川の水源となる。「ヘルモンの露」は豊かな「露」の代名詞であったろう。

シオンの山々。死海写本（11QPs^a）「シオンの山（単数）」。

そこにて。シオンにおいて。つまり、シオンに詣でる者たちに。死海写本（11QPs^a）「そこに向かって」。

祝福を、永遠にいたるまで、生命を命じた。「祝福を命じる」はレビ二五21、申二八8など。七十人訳他「祝福と生命を永遠にいたるまで命じた」。死海写本（11QPs^a）「祝福を永遠にいたるまで命じた」。

構成、主題、背景

「巡礼歌集」にまとめられた十五の詩篇は総じて短いが、なかでも一三一篇、本詩、そして続く最後の一三四篇は、いずれも三節しかない。だが、短くとも、「兄弟たち」の和合する姿の麗しさを祭司の髭から襟もとにしたたる「かぐわしい油」に、またヘルモンの山におりる露になぞらえる本詩は、聞く者に強い印象を残したにちがいない。

もっとも、冒頭の「兄弟たちがなおもひとつに座すこと」が具体的にどのような事態を詠ったのか、という点になると、見解は様々である。まず、アヒーム「兄弟たち」が誰を指すのか、自明ではない。アヒームは同じ親をもつ「兄と弟」からイスラエルの「同胞」までを意味しうるからである。

また、「座す」と訳した動詞ヤーシャブは「住む」とも「留まる」とも訳しうる。これらと関連して、副詞句ガム・ヤハド「なおもひとつになって」の意味も変わってくる。研究史は、それゆえ、大きく四通りの異なる理解を提示する。

第一は、「兄弟」を最も狭義に解して、兄弟同士が一つ屋根の下に平和に暮らすことの「さいわい」が詠われている、という理解。この場合、「いかに美しい（＝よい）か」といった言い回しが知恵文学的である、といわれ（箴一五23、一六16他）、その背後に、しばしば、結婚後もなお兄弟が同一家屋に居住する、古代イスラエルの大家族制（申二五5参照）が想定される。

第二に、本詩が巡礼詩であることから、「兄弟」とはエルサレム神殿に集う人々を指す、という見解。この見解は、ここに家族単位の巡礼をみるか、祝祭に集う全会衆を想定するかによって、さらに細分化されることになる。

第三に、少数意見ながら、本詩は神の民としてのイスラエルの統一・統合を展望する、との主張がある。この場合も、主張は細分化される。本詩の成立を王国時代とみれば、政治的に南北に分かれた「兄弟」王国の再統一が、あるいは「兄弟」である諸部族間の民族再統一が想定され、第二神殿時代とみれば、ユダヤ在住の民とディアスポラのユダヤ人の統合が視野に収められる。

第四に、第一と第二の見解を合わせて、本詩はもともと文字通り「兄弟」が和合する「さいわい」を詠う知恵文学的作品であったが、「巡礼詩集」に組み込まれるなかで、「兄弟」の意味が同じヤハウェ信仰をもつイスラエルの「同胞」へと拡大された、と解される。あるいは、兄弟和合の「さいわい」を伝える知恵文学的主題を用いて、エルサレム神殿礼拝に集う「神の民」イスラエルの「同胞愛」を讃える巡礼の詩として編まれた、と解される。

これらの見解はそれぞれに解釈上の利点をもち、いずれかを採用せねばならないとなれば、判断は容易ではない。本詩が「巡礼詩集」に組み込まれていることを前提にした場合でも、考慮しうるのは第二、第四の見解に限られない。第一の見解は、新婚夫妻の巡礼（詩一二七）、幼い子供たちを伴う家族の巡礼（詩一二八）に続き、成長した兄弟姉妹の巡礼を想定させるだろう。第三の見解には、たとえば、第二神殿時代のディアスポラのユダヤ人によるエルサレム巡礼が背景に考慮されることになる。本詩は、要するに、冒頭の「兄弟」をいかに理解するかによって、多様な解釈を許容しうる作品である。本詩は「巡礼詩集」に組み込まれた当初から、このように多様な理解をされてきたのであろう。

本詩の内容に関連して、議論の的とされてきたもう一点は、「兄弟和合」が「アロンの髭」にしたたる「かぐわしい油」および「ヘルモンにおりる露」に比せられることの可否であり、またその意味である。というのも、「油」と「露」は、一見すると、「兄弟和合」の比喩として必ずしも適合的でないようにみえるからである。われわれの理解をこえるこれらの比喩は、古代イスラエル人特有の感性に基づく、といった声も聞かれる。だが、「油」と「露」に共通して繰り返される動詞「したたり落ちる」（原意「くだる」）に着目すれば、この動詞が冒頭の「兄弟和合」と末尾に詠われる「祝福」と「生命」とを結びつける役割を果たしていることがわかる。アロンの後継者として大祭司の頭に注がれ、髭にしたたり落ちてゆく油は、神ヤハウェによる祝福のしるしであった（出四〇15参照）。また、雨の少ないパレスチナにおいて、「露」は植物を育む「生命の源」であった（創二七28、申三三13、ゼカ八12他）。「兄弟和合」が麗しいのは、そこに祝福と生命が注がれるからである。その祝福と生命を注いでくれるのは、ほかならぬ、シオンにいます神ヤハウェである。そう、本詩は詠っている。

本詩自体の成立は、2節と3節に関係詞アシェルでなくシェが用いられることなどから、ペルシア時代以降と判断されよう。

思想と信仰

エデンの園の物語によれば、最初の人間を創造した神は「人間が一人でいるのはよくない」（創二18）と言って、その肋骨から女性を創造したという。この神の言葉には、人間が他者と共に生きる存在であることが素朴に表明されている。旧約聖書は、多くの場合、神の前に立つ単独者として自分を受けとめ、自分の言動に責任を負わねばならない人間を描く。しかし、その一方で、人間は孤独に生きるものではなく、互いに互いを支え合う社会を形成してきた。アリストテレスがそれを「人間は社会（ポリス）的動物」と表現したことは広く知られる。

エデンの園の物語は、その人間社会の最も基本的な単位が夫と妻である、と告げる。ところが、そこからはじまる人間社会は諍いの温床にもなり、いつしか「万人の万人に対する闘争状態」が引き起こされてゆく。「人間が一人でいるのはよくない」はずなのに、人間が形成する社会では、有史以来、他者の存在を抹殺しかねない出来事が幾度となく繰り返されてきた。旧約聖書はそうした人間の現実を、まずは、「カインとアベル」の物語において、兄弟間の殺害として描き出す（創四1―16）。エデンの園を追放された人間が、神から課せられた、社会形成という試験に失敗することを暗示するかのようである。

旧約聖書は、その後も、ヤコブとエサウの確執からダビデの息子たちの王位継承争いまで、兄弟間の諍いを様々に描いてゆく。「兄弟」であるはずのイスラエル諸部族の抗争や分裂の歴史がこれに加えられ、国家間、民族間の闘争が綴られる。このような旧約聖書の歴史記述は、バビロニア捕囚から帰還した民がエルサレム神殿を再建し、新しい教団社会を形成してゆく模様を伝えるエズラ・ネヘミヤ記をもって閉じられるのだが、そこには、貧富の格差が拡大するなかで、貧しい「兄弟たち」を搾取することを禁ずるネヘミヤの改革が伝えられる（ネヘ五1―13。新共同訳「同胞」の原意は「兄弟たち」）。

旧約聖書全体にわたるこのような背景に本詩をおくならば、1節の「兄弟たち」は一義的に限定すべきでない、ということが理解されようか。むしろ、本詩を伝えた人々は、親族であれ、同胞であれ、巡礼に集う「兄弟たち」が和合している姿のなかに、神の祝福を感じ取り、神に創造された人間本来の姿を見て取ったのではないか。もとより、エルサレムにおける巡礼祭は、見知らぬ同胞たちが和合し、一つの会衆として連帯感を味わいながら、神を讃える時でもあった。それゆえ、新約聖書には、「兄弟」の間に憎しみや諍いがあるときには、神殿に詣でる前に、まずは和解せよ、と教えるイエスの言葉が伝えられる（マタ五22―24）。そのイエスをメシアと信じる信徒の間では、「兄弟和合」は「兄弟愛」として継承されてゆく（ロマ一二10、一コリ一10、一テサ四9他）。

第134篇 ヤハウェをたたえよ

1 巡礼のうた。
さあ、ヤハウェをたたえよ、
ヤハウェのすべての僕たち、
夜にヤハウェの家に立つ者たち。
2 聖所に向かって手をかかげ、
ヤハウェをたたえよ。

3 ヤハウェがシオンから
あなたを祝福されるように、
天と地を造られた方が。

訳注

〈1節〉

さあ（ヒンネー）。「みよ」と訳されることの多い間投詞（詩一三三1他）。これに命令形が続く用例は本詩の他には見あたらない。

たたえよ。ベーラク「たたえる」は3節「祝福する」と同一の動詞。原文では会衆のベーラクとヤハウェのベーラクが相呼応する。「たたえる」と訳す理由は二つある。一つは、日本語で神を「祝福する」とはいわないこと。もう一つは、旧約聖書中、神ヤハウェを目的語とするベーラクの用法は四〇例を数えるが、そのうち二七例が詩篇に集中し、テヒッラー「讃美」（詩六六8他）、ヤーダー「讃える」（一〇〇4他）、ヒッレール「讃美する」（一四五2他）などと並ぶこと。なお、そのほかの用例は、わずかな例外（創二四27、士五2他）を除けば、代上二九10、ネへ八6、九5など、第二神殿時代に限られ、ヤハウェを主語とするバルーク「祝福される／たたえられる」の用例もこれに似る。そこで、「ヤハウェを祝福する」という句は第二神殿時代の典礼句として定着したといわれる（J. Scharbert, *ThWAT I*, Sp. 823-825）。

ヤハウェの僕たち。アバディーム「僕たち」はエベド「僕」の複数。おそらくエルサレム神殿に詣でる会衆を指す（詩一一三1）。これを神殿に仕える祭司たちと解する向きもあるが、その点は「構成、主題、背景」を参照。ちなみに、旧約聖書においてヤハウェの「僕」と呼ばれる個人はモーセ（出一四31他）、アブラハムをはじめとする父祖たち（出三二13他）、ダビデ（サム下三18他）、ヨブ（ヨブ一8）など。預言者も「僕」とみなされた（王上一四18他）。第二イザヤの「僕の詩」とくに「苦難の僕の詩」（イザ五二13―五三12）の「僕」に関する議論はなお決着をみないが、それとは別に、イスラエルが単数で「わが僕」と呼ばれる箇所が散見する（イザ四四1、2、四五4他）。エレ三〇10、四六27―28、詩一三六22などはその影響か。

夜にヤハウェの家に立つ者たち。バッレイロートは「夜ごと（に）」（新共同訳他）ではなく、「夜間に」(*J.-M.*, §136b)。「ヤハウェの家に立つ者たち」は祭司たちを指すとの見解がある。その場合、アーマド「立つ」は「仕える」と解される（申一〇8他）。しかし、会衆もまた「ヤハウェの前に立つ」（レビ九5、エレ七10など参照）。詩一三五2でも「ヤハウェの家に立つ」のは会衆。七十人訳はこの句の後に、詩一三五2に合わせて「あなたたちの神の家の中庭（複数）に」を加え、原文で本行最後におかれる「夜に」を2節冒頭に移して訳出。

〈2節〉

手をかかげる。手を上げて掌を神に向け、讃美し、祈る姿勢。王上八38、詩二八2、六三5など参照。ハツォル遺蹟の後期青銅器時代層から、かかげた両手を刻んだ奉納石碑が発見されており、メソポタミアにはシュ・イラ「手をかかげる」と名づけられた一連の祈りが残る（AGH）。

ヤハウェをたたえよ。死海写本（11QPs[a]）「ヤハウェのみ名をたたえよ」。

〈3節〉

本節前半は詩一二八5の前半に同じ。

ヤハウェがシオンから。詩一二八5の訳注参照。

あなたを祝福する。1—2節では「あなたたち」に呼びかけるが、ここでは単数の「あなた」に替えて、巡礼者（たち）に祝福を語りかける。

天と地を造られた方。詩一一五15、一二一2、一二四8他。祝福と天地創造の神が結びつく理由については「思想と信仰」参照。

構成、主題、背景

「巡礼歌集」（詩一二〇〜一三四篇）の最後に配置された本篇は、三節からなるいたって簡潔な作品である。だが、その三節のなかに神名ヤハウェが五回も反復される。節ごとに、動詞ベーラク「祝福する」が発せられ（1、2節では「たたえよ」と訳す。訳注参照）、ヤハウェの「住まい」を表す語が連なる（1節「ヤハウェの家」、2節「聖所」、3節「シオン」）。さらに、それまでの「巡礼のうた」をふまえた表現が本篇には散見する（詩一二二1「ヤハウェの家」、一二八5「ヤハウェがシオンからあなたを祝福されるように」、一二一2、一二四8「天と地を造られた方」）。「ヤハウェをたたえよ」という促しは

「たたえられよ、ヤハウェ」（詩一二四6）と響き合う。これらは、本篇が短いながら、巡礼歌集の締めくくるにふさわしい作品であることを示していよう。

本篇の内容は1、2節と3節とに分けられる。はじめの二節はヤハウェ讃美の要請である。「ヤハウェをたたえよ」とはじまり、「ヤハウェをたたえよ」と閉じられる。そう呼びかけられる「ヤハウェの僕たち」（1節）は「夜にヤハウェの家に立つ者たち」（2節）と言い換えられる。それに対して、3節ではヤハウェからの祝福が告げられる。祝福されるのは「あなた」である。1―2節が「ヤハウェの僕たち」に呼びかけるのに対し、3節ではそれが「あなた」と単数に入れ替わる。この人称変化は、「ヤハウェの僕たち」が単数をもって集合的に表現されたとも、会衆の一人ひとりに語りかけられているとも、解される。より単純に、次にみる「アロンの祝福」からの引用であったからかもしれない。

このような本篇は「巡礼歌集」の最後に配置されていることから、巡礼者がエルサレム神殿を後にする場面がその背後に想定されてきた。3節「ヤハウェがあなたを祝福されるように」という句は、いわゆる「アロンの祝福」（民六24―26）の冒頭句と同一である。それゆえ、それは参詣を終えた巡礼者に祭司が与える祝福の言葉であったとみなされる。それに対して、1―2節については、研究者の見解が二分する。「ヤハウェの僕たち」をエルサレム神殿に仕える祭司とみなす見解がある一方で、エルサレム神殿に詣でる会衆を指すとも解される（注一）。

前者の見解によれば、1―2節は、神殿を後にする巡礼者たちが神殿に仕える祭司たちに向かって、引き続き神殿にてヤハウェを「たたえる」勤めを果たしてほしい、と要請する言葉であり、3節は、それに応えて巡礼者を祝福する祭司の発言とみなされる。「ヤハウェの家に立つ者たち」（1節）を神殿にてヤハウェに「仕える」祭司たちとみるからである。たしかに、アーマド「立つ」という動詞はヤハウェに「仕える」という意味で祭司に用いられる（申一〇8、一八7他）。ところが、会衆もまた「ヤハウェの前に立つ」といわれ（レビ九5、エレ七10他）、本篇に続く一三五篇2節でも会衆がそう表現されている。また、祭司が自らを「ヤハウェの僕」と呼ぶことはあったとしても、会衆が祭司に向かって「僕たち」と呼ぶのはいささか不自然である。じじつ、そうした事例は旧約聖書にみられない（1節「ヤハウェの僕」の訳注参照）。

「夜に」という表現も、しばしば「ヤハウェの僕たち」が祭司を意味する傍証とされる（「夜に」という訳については、訳注参照）。だが、神殿において夜半にも礼拝がなされたことは、「聖なる祝祭を守る夜のように」（イザ三〇29）といった表現に示唆される。時代は下るが、『ミシュナー』には以下のような記述がみられる。

敬虔な者たちと（よき）業の人々は手に燃える松明を手にしてそれら（＝燭台）の前で踊り、それらの前で歌と讃美の言葉を口にするのを常とした。そしてレビ人たちは琴と竪琴、シンバルとトランペット、また数えきれない楽器をもって、イスラエルの中庭から婦人たちの中庭に降る、詩篇にある十五の「巡礼のうた」にちなむ十五の階段の上に、レビ人たちはそれらの上に立って、楽器をもって歌を歌うことを常とした。(Sukkah V-4)。

これは第二神殿時代末期にエルサレム神殿で行われていた仮庵祭の一幕を伝える記述であり、神殿境内の区域を表す「イスラエルの中庭」も「婦人たちの中庭」も旧約聖書には出てこない。したがって、この記事をそのまま旧約聖書時代に当てはめることはできないが、この記述が「巡礼のうた」に言及するだけでなく、夜半の祭儀を示唆する点で、興味をそそられよう。じっさい、詩篇にも神殿内で夜半に祈りがささげられたことをうかがわせる作品が散見する(詩一七3、七七7他)。詩篇五七篇などは、夜を徹した祈り手が暁を前にして詠んだ詩であったろう。こうした点を考慮するならば、「夜に」という表現を祭司による祭儀行為に限定する必要はない。

要するに、1―2節を会衆による祭司たちへの呼びかけと解することには相当の無理が伴う、といわねばならない。1―2節は、むしろ、エルサレム神殿に集う会衆に「ヤハウェをたたえよ」と促す祭司の発言とみたほうが自然である。したがって、本篇はその全体が祭司によって語られた言葉を簡潔にまとめ上げた作品として読めるし、そう読むべきであろう。もっとも、本篇がそのままのかたちで、エルサレムを後にする巡礼者たちに詠いかけられていた、ということではあるまい。本篇は、「巡礼歌集」が編纂される最終段階で、エルサレム神殿に参詣する人々に告げる祭司の言葉が簡潔にまとめられ、「巡礼歌集」を締めくくるにふさわしく編まれた作品であったろう。

「巡礼歌集」を締めくくる本篇は、ヤハウェによるシオンからの祝福を願う言葉で閉じられるが、その末尾に「天と地を造られた方」というヤハウェの呼称が付される。この一句はそれまでの「巡礼のうた」から採られている（詩一二一2、一二四8）。もっとも、ヤハウェの呼称だけならば、「イスラエルを守る方」（一二一4、5）でも「われらの神」（一二三9）でも「ヤコブの強き方」（一三二2、5）でもよかったはずである。なぜ、この一句が選ばれたのか。

神ヤハウェからの祝福が告げられる際、本篇のように、ヤハウェに「天と地を造られた方」という呼称を用いる事例は、他に二箇所ある（詩一一五15、創一四19）。ここから、神ヤハウェによる祝福と天地創造との結びつきは、けっして偶然ではなかったことがわかる。天地創造の物語においても、人間を創造した神はただちにこれを「祝福して、産めよ、増えよ、地に満ちよ」と語っている（創一28）。世界の起源を物語る天地創造は、世界と人間に対する神の祝福を基礎づける物語でもあったのだ。旧約聖書の信仰者たちにとって「祝福」とは、具体的に、彼らに平和と豊かさを保証し、生存を脅かす勢力から彼らを救う神ヤハウェのはたらきと受けとめられたが（申二八1―14）、そのはたらきは創造の業によって基礎づけられていたのである。祝福に際して、神ヤハウェに「天と地を造られた方」という呼称が用いられた理由がここにある。民を救いに導く神は創造の神と別ではなかった。

その点を明瞭にしたのが、バビロニア捕囚の末期に捕囚からの解放を「よきおとずれ」として同胞に告げた第二イザヤである。この匿名の預言者は、捕囚からの解放という民の救いの到来を神ヤハウェによる新たな創造の業として繰り返し描き出した。「わたしはあなた（＝イスラエルの民）の口にわが言葉をおき、わが手の蔭にあなたを隠した、天を植え広げ、地の基を据えて、シオンに『あなたはわが民』と言って」（イザ五一16）。他にも、創造の神に言及する箇所は第二イザヤに頻出する（イザ四〇21―24、四二5―7、四五12、18、四八7、12―16、五一13など）。

こうした理解に立てば、歴史におけるイスラエルの民の歩み自体が神による創造世界の秩序と無関係ではありえないことになる。それは次のような言葉に明示されるだろう。

わたし（＝ヤハウェ）はあなたたちに対して、今日、天と地とを証人に立て、生と死を、祝福と呪いを、あなたの前におく。（申三〇19）

神ヤハウェはこの民の歩みを吟味するが、その際、天と地に代表される被造物を証人として呼び出すという（申四26、イザ一2、三四1他）。こうした表象を単なる比喩と解してはならない。その背後には、一民族の歩みが、ひいては人間一人ひとりの行為が、創造の秩序にじかに連なっている、という感性がみてとれる。かつてシュライアマッハーは、永遠無窮の神の前で被造物であるおのれの卑小さを認識する感性を「被造物感情（Kreaturgefühl）」と名づけたが、旧約聖書のそれは、むしろ、被造物としての自分たちが被造世界全体に連なっている、という意味での「被造物感情」である。旧約聖書の創造信仰はこの「被造物感情」の上に築かれている。こうした創造信仰のもとで「天と地を造られた方」によって祝福されるということは、神が見て「よし」としたという、創造のあるべき秩序に組み込まれることにほかならない。

それにしても、旧約聖書の底に流れるこうした「被造物感情」を希薄化させたまま、「被造物の呻き」（ロマ八22）を聞き流していてよいものか。二一世紀を生きる私たちに突きつけられた課題のひとつがここにある。

注

（一）最近の注解書で「祭司たち」とみるのは Hossfeld / Zenger, *Psalmen 101-150*, S. 652f.,「会衆」とみるのは Allen, *Psalms 101-150*, p. 283, 両者を含むという折衷案は Brueggemann / Bellinger, *Psalms*, p. 561.

第135篇
ヤハウェのみ名は永遠に

1 ハレルヤ。
讃美せよ、ヤハウェのみ名を、
讃美せよ、ヤハウェの僕たち、
2 ヤハウェの家に立つ者たち、
われらの神の家の中庭に。
3 ヤハを讃美せよ、
じつに、ヤハウェは恵み深い。
み名をほめたたえよ、

じつに、み名は麗しい。
4 じつに、ヤコブをヤハは選ばれた、
イスラエルを自らの宝として。
5 じつに、私は知った、ヤハウェは偉大、
われらの主はあらゆる神々にまさって。
6 ヤハウェは望むことのすべてを
天でも地でも、成し遂げられた、
海でも、すべての渾沌の海でも。
7 地の果から雨雲を上らせ、
稲妻を造って雨を降らせ、
風を倉から送り出される。
8 かれは人間から家畜まで
エジプトの初子を撃たれた。
9 徴と徴候の数々を、エジプトのただなかに、
ファラオとその僕たちすべてに、放たれた。

10 かれは多くの国民を撃ち、
強い王たちを殺害された、
11 アモリ人の王シホンを、
バシャンの王オグを、
カナンの王たちすべてを。
12 彼らの地を嗣業として与えられた、
かれの民イスラエルに嗣業として。
13 ヤハウェこそは永遠にあなたのみ名、
ヤハウェこそは代々にあなたの呼称。
14 じつに、ヤハウェはかれの民を裁き、
かれの僕たちを憐れんでくださる。
15 諸国民の偶像は銀と金、
人間の手の業にすぎない。
16 口があっても、語れず、

眼があっても、見えず、
17 耳があっても、聞けず、
ああ、口には息もない。
18 このようになる、これらを造る者たちは、
また、これらに信頼する者はすべからく。
19 イスラエルの家よ、ヤハウェをたたえよ、
アロンの家よ、ヤハウェをたたえよ、
20 レビ人の家よ、ヤハウェをたたえよ、
ヤハウェをおそれる者たちよ、
ヤハウェをたたえよ。
21 たたえられよ、ヤハウェ、シオンから、
エルサレムに住まう方よ。
ハレルヤ。

訳注

〈1節〉

1節は二行目と三行目を入れ替えれば、詩一一三1と同一。

ハレルヤ。詩一一一1の訳注参照。死海写本（11QPs^{a}）の本節は三行目、二行目、一行目の順。

ヤハウェの僕たち。詩一一三1の訳注参照。七十人訳では呼格。

〈2節〉

ヤハウェの家に。エルサレム神殿を指す。次行では「神の家」。詩一三四1参照。死海写本（11QPs^{a}）は節の冒頭に「ヤハウェをあがめよ」を加える。

われらの神の家の中庭に。ハツロート「中庭」（複数形）はエルサレム神殿の境内を指し、エゼ四〇17以下によれば、一般の民が入る「外の中庭」と祭司以外は入ることが許されない「奥の中庭」とがあった。「外の中庭」は後に「異邦人の中庭」「婦人たちの中庭」「イスラエルの中庭」などに区分された（詩一三四の「構成、主題、背景」参照）。死海写本（11QPs^{a}）は本節末尾に「あなたのただ中で、エルサレムよ」を加える。

〈3節〉

本節前半は詩一〇七1、一一八1などに似る。

ヤハウェは。死海写本（11QPs^{a}）「かれは」。4節「ヤハ」も。

み名は麗しい。「み名」は原文「それ」。七十人訳「み名」。ナイーム「麗しい」は詩一三三1、一四七1などでもトーブ「恵み深い」と並ぶ。

〈4節〉

宝として。ヤハウェがイスラエルの民をセグッラー「宝」として選ぶ、との表現は出一九5、申七6など。七十人訳は「最も大切なものとして」。

〈5節〉

出一八11からの引用。死海写本（11QPs[a]）は「じつに」を欠く。

われらの主はあらゆる神々にまさって。「思想と信仰」参照。死海写本（11QPs[a]）「われらの神は……」。

〈6節〉

望むことのすべてを……成し遂げた。詩一一五3参照。死海写本（11QPs[a]）は「のすべて」を欠き、この一文の後に「必ず成し遂げられる。ヤハウェのような方はいない、ヤハウェのような方はいない、神々の王のようにはたらかれるものはいない、海にも、すべての渾沌の海にも」と加える。

渾沌の海（テホモート）。テホーム（テホモートは複数形）は「深淵」とも訳される。神ヤハウェによる天地創造の際に制圧される原始の海（創一2、詩三三7、七七17、箴八27―29など参照）。

〈7節〉

エレ一〇13（＝五一16）にほぼ同一文。

雨を降らせ。原文「雨のために（稲妻を造られ）」。死海写本（11QPs[a]）はこの行を欠く。

〈8節〉

エジプトの初子を撃たれた。詩一三六10にも。出一二29に基づく。七十人訳「エジプトよ、お前のなかで」はエジプトに呼びかける文体。

〈9節〉

徴と徴候の数々（オトート・ウ・モフェティーム）。オート「徴」（オトートは複数形）は、神が人間と自然との間で結んだ契約の虹（創九13）、アブラハムとの契約の際の割礼（創一七11）のように、特定の出来事を想起させる可視的事象。モフェート「徴候」（モフェティームは複数形）とともに出エジプトの際の災いの奇蹟を指す。出七3、一一9、申六22、七19、詩七八43、ネヘ九10他。モフェートは「奇蹟」「不思議」とも訳されるが、オートとモフェートはおそらく類義語（王上一三3、エゼ一二11など参照）。七十人訳はセーメイアとテラタ。

〈10節〉

以下、12節まで詩一三六17—22節にほぼ同じ。

殺害された。死海写本（11QPs[a]）はこの動詞を欠く。

〈11節〉

シホンを／オグを。アモリ人の王シホンとバシャンの王オグはイスラエルを迎え撃とうとして、逆に撃たれたヨルダン川東岸の王（民二一21—35、ヨシュ一二2—5）。

カナンの王たちすべてを。ヨシュ一二9—24に列挙されたヨルダン川西岸の王たちのことであろう。

〈12節〉

嗣業（ナハラー）。詩二8、七八55の訳注参照。なお、死海写本（11QPs[a]）はこの後に詩一三六22—23

節を加える。

〈13節〉

別訳「ヤハウェよ、あなたのみ名は永遠に、ヤハウェよ、あなたの呼び名は代々に」（七十人訳がそう理解）。出三15参照。

〈14節〉

あなたの呼称。七十人訳「あなた（へ）の記憶」。詩一〇二13「あなたの呼称は代々に（限りない）」。

本節は申三二36からの引用。

〈15節〉

憐れむ。動詞ヒトナヘーム。別訳「悔やむ」。前行の「裁く」に対して、罪の赦しを示唆。

以下、18節まで、詩一一五4―6a、8とほぼ同じ。その訳注も参照。

〈17節〉

聞けず。この後に七十人訳は詩一一五6b―7と同文を加える。

〈18節〉

ああ、口には息もない。「息」はルーアハ。別訳「霊」。この一句は詩一一五に欠ける。

〈19節〉

このようになる。七十人訳「このようになるがよい」。
19、20節は詩一一五9―11をふまえる。但し、詩一一五9―11では「ヤハウェをたたえよ」でなく「ヤハウェに信頼せよ」。また、「レビ人の家」への呼びかけはない。

〈20節〉

ヤハウェをおそれる者たち。詩一一五11の訳注参照。

〈21節〉

たたえられよ。死海写本（11QPs^{a}）は「ヤハウェがあなたを祝福されるように」。

ハレルヤ。七十人訳はこれを次の詩篇の冒頭語とする。

構成、主題、背景

ハレルヤではじまり、ハレルヤで締めくくる本詩は、ヤハウェ讃美を促す段落を最初と最後に配置する（1—4節、19—21節）。ハレルヤとは「ヤハ（ウェ）を讃美せよ（ハレルー・ヤハ）」という意味である。「神の家の中庭に立つ」「ヤハウェの僕たち」にハレルー「讃美せよ」と呼びかける最初の段落の前半（1—2節）は、先行する詩篇一三四篇1節に多少の変更を加え、膨らみをもたせた。讃美を呼びかける理由がそれに加わる。ヤハウェは恵みの神、イスラエルを「宝の民」として選んだ神である、と（3—4節）。それに対して、最後の段落は「イスラエルの家」「アロンの家」「レビ人の家」「ヤハウェをおそれる者たち」に呼びかけ、ヤハウェをバラクー「たたえよ」と繰り返す（19—20節）。こちらは詩篇一一五篇9—11節から採られている。但し、「ヤハウェに信頼せよ」が「ヤハウェをたたえよ」と替えられ、呼びかける対象に「レビ人の家」が加わる。最後に、「エルサレムに住まう」

神ヤハウェへの祝詞として、「たたえられよ、シオンから」と唱える（21節）。詩篇一三四篇3節を受け継ぐ「シオンから」という表現には、エルサレム神殿がヤハウェの祝福にあずかる場所であるだけでなく、ヤハウェを讃える場所でもあることが明示される。

これら最初と最後の二段落に囲まれた本詩の主要部（5―18節）では、讃美すべき神ヤハウェの業と権能が詠われ、その偉大さが讃えられる。そのはじめに、比類なきヤハウェの偉大さを知った、という「私」の宣言がなされる（5節）。これはイェテロの言葉（出一八11）からの引用であり、「私」も引用文に由来するが、本詩の文脈で読むならば、「私」は神殿で会衆が讃美する際の「先唱者」（ネへ一一17）を指すだろう（詩四四5、七四12、八五9などの「わが」や「私」を参照）。

以下、順次、ヤハウェの偉大さが詠われる。まずは自然を創造し、これを保持するヤハウェの権能（6―7節）。続いて、初子の殺害をはじめとする災いの奇蹟（「徴と徴候の数々」）をエジプトに送ってこの民を奴隷から解放し、カナンの王たちを撃破してこの民に「嗣業の地」を与えた、歴史の神ヤハウェの権能が詠われる（8―12節）。次の一三六篇でも、10―22節で、ほぼ同じ詩句を用いたヤハウェへの祝詞が詠われる。

歴史回顧に続き、その民を「憐れむ」神ヤハウェの名は永遠である、と讃えられる（13―14節）。「裁く」と「憐れむ」という二つの動詞を並べた14節は、申命記三二章36節からの引用である。「裁く」を「処罰する」という意味に理解すれば、神ヤハウェはこの民に処罰をくだしても、最終的には罪を赦す神である、と読めなくもない。しかし、「寡婦を裁く」（詩六八6他）という場合がそうであるように、「裁く」は「正しく守る」という意味に解されていたにちがいない。そして、このような永遠の神ヤハウェとは異質の偶像は「人間の手の業」に過ぎず、知覚もなく、判断もできないがゆえに、偶像を造り、これに頼る者たちもまた正確な知覚や判断力を失うことになる、と詠う（15―18節）。この部分は詩篇一一五篇4―6a節および8節からの引用である。

本詩は、このように、はじめと終わりにヤハウェ讃美を促す段落をおき、その間に、神ヤハウェの権能を讃える詩句をちりばめるという構成をとる。また、全体にわたって、ほかの詩篇、さらには出エジプト記、申命記、エレミヤ書からの自由な引用が目立つ（1―2節は詩一三四1―2、4節は申七6、5節は出一八11、6節は詩一一五3、7節はエレ一〇13、15―17節は詩一一五4―8、19―20節は詩一一五4―8、9―11）。要するに、本詩はそれ以前の種々の讃美を調合して編まれた作品である。編んだのは、まずは神殿に集う会衆に、最後には祭司やレビ人にも呼びかけるところから、イスラエルの伝承にも讃美の詩歌にも通じた神殿付詠唱者であったろう。詠唱者のなかでも、会衆による讃美を先導する「先唱者」（ネヘ一一17）であったかもしれない。本詩の成立は、詩篇のなかでもかなり新しく、前四世紀ころの成立かと思われる。

思想と信仰

本詩は二つの面から神ヤハウェの権能を詠いあげる。一つは、世界を創造してこれを保持する創造神としての権能（6―7節）。もう一つはその民を救いへと導く歴史の神としての権能である（8―12

節）。こうした権能を有するがゆえに、ヤハウェは「あらゆる神々にまさって偉大」なのであり（5節）、代々永遠の存在者なのである（13節）。5節に用いられる「あらゆる神々まさって」という語句自体は、形式論理的にみれば、ヤハウェ以外の神々の存在を認めているかに響く。実質的には、しかし、ヤハウェの唯一性と卓越性とを言い表す定型句としてしばしば讃歌に用いられる（詩九五3、九六4―5［＝代上一六25―26］、九七9他）。本詩においても、他の「神々」の存在が承認されているわけではない。15節において、「神々」は「人間の手の業」にすぎない「偶像」とみられている。

これら本詩にみる神観の諸相は、じつは、第二イザヤが提示した神観を継承しているようにみえる。便宜上、第二イザヤと呼ばれるバビロニア捕囚末期の匿名の預言者は、歴史における救済の出来事（捕囚からの解放）と神ヤハウェの創造の業とを重ね合わせて語り出した（イザ四〇21―24、四二5―7、四五12―13他）。彼は歴史にはたらく神と創造の神とを統合的に捉え（注一）、そこに神の唯一性と永遠性とを見て取ったのである。旧約聖書中、神ヤハウェの唯一性を最も鮮明に掲げて、「他に神はいない」と繰り返したのも、この預言者であった（イザ四三10―12、四四6―8、四五5―6他）（注二）。であればこそ、職人の「手の業」にすぎない偶像とその偶像に頼る者たちへの批判をも繰り返した（イザ四〇18―20、四四9―20、四五16、20他）。

神観という側面からみた、本詩と第二イザヤとの間のこのような共通性が直接的な影響関係によるものでないことはいうまでもない。両者の間の共通性は、むしろ、捕囚末期に第二イザヤが告げた唯一の神、創造と歴史の総合、徹底した偶像排除などの神観念が、第二神殿時代、エルサレムの祭司・

レビ人の間に継承されたことを示している。

注

（一）創世記から列王記に至る九書の冒頭に天地創造物語を配置したこと自体に創造の神と歴史の神の統合をみることができる。

（二）旧約聖書中、第二イザヤと並んでヤハウェの唯一性を明言するのは申命記であり（申四35、39、三二39など）、申命記史書である（サム下七22）。これらが第二イザヤの影響のもとにあったことはE. Otto, *Deuteronomium 1,1-4, 43*, HTKAT, Freiburg: Herder, 2012, S. 584参照。

第136篇

かれの慈愛は永遠に

1 ヤハウェを讃えよ、かれはじつに恵み深い、
じつに、かれの慈愛は永遠に。
2 神の神を讃えよ、
じつに、かれの慈愛は永遠に。
3 主の主を讃えよ、
じつに、かれの慈愛は永遠に。
4 ひとりで偉大な不思議の数々を果たされた方を、

じつに、かれの慈愛は永遠に。
5 英知をもって天を造られた方を、
じつに、かれの慈愛は永遠に。
6 水の上に地を引き延ばされた方を、
じつに、かれの慈愛は永遠に。
7 大きな光を造られた方を、
じつに、かれの慈愛は永遠に。
8 昼を治めるものとして太陽を造られた、
じつに、かれの慈愛は永遠に。
9 夜を治めるものとして月と星を造られた、
じつに、かれの慈愛は永遠に。
10 エジプトでその初子を撃たれた方を、
じつに、かれの慈愛は永遠に。
11 イスラエルをそのなかから導き出された方、
じつに、かれの慈愛は永遠に。
12 強い手と伸ばした腕をもって、

じつに、かれの慈愛は永遠に。
13 葦の海を切り分けられた方を、
じつに、かれの慈愛は永遠に。
14 イスラエルにそのなかを渡らせた方、
じつに、かれの慈愛は永遠に。
15 ファラオとその軍隊を葦の海に投げ込まれた方、
じつに、かれの慈愛は永遠に。
16 その民に荒野を行かせられた方を、
じつに、かれの慈愛は永遠に。
17 偉大な王たちを撃たれた方を、
じつに、かれの慈愛は永遠に。
18 かれは力強い王たちを殺害された、
じつに、かれの慈愛は永遠に。
19 アモリ人の王シホンを、
じつに、かれの慈愛は永遠に。
20 バシャンの王オグを、

じつに、かれの慈愛は永遠に。
21 彼らの地を嗣業として与えてくださった、
じつに、かれの慈愛は永遠に。
22 その僕イスラエルに嗣業として、
じつに、かれの慈愛は永遠に。
23 低みにあるわれらを思い起こし、
じつに、かれの慈愛は永遠に。
24 攻め寄る者たちからわれらを解放された、
じつに、かれの慈愛は永遠に。
25 肉なるものすべてに糧をお与えになる方、
じつに、かれの慈愛は永遠に。
26 天の神を讃えよ、
じつに、かれの慈愛は永遠に。

訳注

〈1節〉

詩一〇六、一〇七、一一八の冒頭句と同一。七十人訳は冒頭にアレルヤ（＝ハレルヤ）をおく。

讃えよ（ホドゥー）。「感謝せよ」とも訳せる（新共同訳他）。七十人訳エクソモロゲオマイも。

じつに、かれの慈愛は永遠に。以下、各節に反復。詩一一八のはじめの四節にも繰り返される。他に代上一六34、代下五13、七3など。ヘセド「慈愛」については詩五8の訳注参照。

〈2、3節〉

神の神（エロヘー・ハ・エロヒーム）。「神々の神」。ヘブライ・アラム語の最上級表現。詩一三五5他「あらゆる神々にまさる」、申一〇17他「まことの神」などと同義。

〈3節〉

主の主（アドネー・ハ・アドニーム）。「神々の神」と同様、「まことの主」の意。申一〇17に同一表現（↓一テモ六15、黙一七14他）。アドーン「主」はときに複数形アドネーで「…の主」と単数を表す（創三九20、四二30他）。

〈4節〉

ひとりで。神ヤハウェの唯一性の強調。詩八六10。

偉大な不思議の数々。ニフラオート「不思議（な業）の数々」は出エジプトの奇蹟を指すことが多いが、ここでは創造の業。死海写本（11QPs[a]）は「偉大な」を欠く（詩七二18、九八1）。

〈5節〉

英知をもって。テブナー「英知、分別」による創造はエレ一〇12、箴三19など。

〈6節〉

地を引き延ばされた方。イザ四二5、四四24。七十人訳「固められた方」。

〈7節〉

7―9節は創一14―17をふまえる。

大きな光。死海写本（11QPs[a]）は創一14に合わせ「大きな輝くもの」。また、本節の後に「太陽と月を（造られた方を）、じつに、その慈愛は永遠に」と続ける。七十人訳は「ひとりで」を加える。

〈8節〉

太陽。創一16は「太陽」と「月」を「二つの大きな光るもの」と表現。

〈9節〉

造られた。翻訳上の補い。次節の「造られた」も。

治めるものとして。原文は複数。異本、七十人訳、死海写本（11QPs[a]）は単数。

〈10節〉

エジプトでその初子を。原文「エジプトを彼らの初子らによって」。出一二29以下参照。詩七八51、一〇五36、一三五8も。七十人訳「エジプトをその初子らともども」。

〈11節〉

そのなかから（ミットーカーム）。「彼らのなかから」。別訳「彼らの虐待から」。詩七二14参照。本節は出一二51による。

〈12節〉

強い手と伸ばした腕。「強い手」は出一三3、14、「伸ばした腕」は出六6、七5、一五12など。両者を並べた表現は申命記的（申四34、五15他）。死海写本（11QPs[a]）では「腕」はゼローアでなくエズローア。七十人訳は「高く掲げた腕」（申二六8）。

〈13節〉

葦の海（ヤム・スーフ）。七十人訳はエリュートラ・タラッサ「紅海」。

切り分ける（ガーザル・リグザリーム）。二分でなく、細分するとの意味合い。出エジプト記にない表現。

〈15節〉

投げ込む（ニエール）。出一四27。別訳「振り落とす」（ネへ五13）。

〈16節〉

七十人訳は本節の後に「硬い岩から水を出された方を、その慈愛は永遠に」を加える。申八15参照。

〈17節〉

以下22節まで、詩一三五10―12に似る。

〈19節〉

シホン。詩一三五11の注参照。次節のオグについても。

〈21節〉

嗣業（ナハラー）。詩二8、七八55の訳注参照。

〈22節〉

その僕イスラエル。イスラエルの民をヤハウェの「僕」と単数で呼ぶのは第二イザヤの特徴。イザ四一8、9、四四1、2、21他（エレ三〇10、四六27―28はその影響）。この表記は、エベド「僕」として神にアーバド「仕える、礼拝する」ことにイスラエルの民のつとめがある、との自覚を含意。

〈23節〉

低みあるわれらを。原文「われらの低みにてわれらを」。「低み」とは踏みにじられて苦しむこと。詩一一三6参照。七十人訳「主は」を付す。

〈24節〉

攻め寄る者たちからわれらを解放する。そのまま訳せば「われらを苦しめる者たちからわれらを奪い取る」。詩一〇七2に類似表現。七十人訳「われらの敵から…」。

〈25節〉

肉なる者すべてに糧を。詩一四七9の訳注参照。「糧」の原意は「パン」。

〈26節〉

天の神（エル・ハッ・シャーマイム）。最高神を表す。ペルシア時代に広まった神の呼称。エズ一2、ネヘ一4、ダニ二18他。七十人訳は本節の後に3節「主の主を讃えよ、じつに、その慈愛は永遠に」を繰り返す。

構成、主題、背景

本詩の各節後半には「じつに、かれの慈愛は永遠に」が反復される。詩一一八篇のはじめの四節にも同様の反復がみられ、「ヤハウェは恵み深く、かれの慈愛は永遠に」という句が歴代誌にも繰り返される（1節の訳注参照）。この反復句はヤハウェ讃歌の常套句の一つであった。

本詩は、至高の神ヤハウェへの讃美を会衆に促す導入部（1—3節）に続き、創造と歴史にあらわされた神ヤハウェの業を想起し、創造と歴史の神を讃えてゆく。4—9節が神ヤハウェによる創造を、10—15節がエジプトからのイスラエルの解放を、16—22節が荒野の導きと嗣業地の授与を讃える。最後に、それらをまとめて全体を締めくくる。そこでは、民の歴史は神によるイスラエルの民「われら」の想起と解放としてまとめられ（23—24節）、創造の業は生き物の扶養（「肉なる者すべてに糧を与える」）に結晶する（25節）。最後の26節「天の神を讃えよ」は、2、3節と同様、1節「ヤハウェを讃えよ」の言い換えである。

本詩は先行する一三五篇と重なる部分が少なくない。一三五篇6—7節は本詩4—9節と、8—12節は本詩10—22節と重複する。

このような形式と内容から、もともと本詩は神殿において詠唱祭司（団）と会衆との間で詠い交わされた讃歌であったとみられよう。まず、神殿付き詠唱者が会衆に讃美を促す（1―3節）。会衆がそれに応えて各節の前半部分を詠い、詠唱者は逐一「じつに、かれの慈愛は永遠に」とそれに応じる（4―25節）。最後にふたたび詠唱者が会衆に向かって「天の神を讃えよ」と語りかけて全体を締めくくったのであろう。こうした形式は応答歌（Responsorium）もしくは交唱歌（Antiphon）と呼ばれる。

以下、段落ごとに簡単な注釈を付す。

1―3節。ヤハウェを「神（々）の神」（2節）、「主の主」（3節）と言い換え、会衆に讃美を促す、本詩全体の導入部。「神（々）の神」「主の主」といった強調表現は、ヤハウェとは別の神々や「主」の存在を暗に認めているかのようにも響くが、「まことの神／主」のヘブライ語的な表現法とみるべきであろう。最終節の「天の神」がこれを受ける。

4―9節。ヤハウェの創造の業を讃える段落。はじめに、創造の業を「偉大な不思議の数々」と表現する。そこに付された「ひとりで」とは、他の助けも必要とせず、といった意味であり、神ヤハウェの唯一性が含意される。天地創造の際に「知恵」がヤハウェの傍らにいた、といった観念（箴八22―31）を本詩は知らない。被造物として天（5節）と地（6節）と天体（7―9節）が選ばれる。天地創造物語（創一）をふまえているようにもみえるが、5節「英知をもって」（エレ一〇12、箴三19）、6節「地を引き延ばす」（イザ四二5）といった表現は創世記にみられない。また、天地創造物語は「太陽」「月」「星」を名指さない（創一14―18参照）。本詩はそれらを名指す一方で、植物、動物、人間の創造には触れないが（8―9節）、末尾で被造物としての生き物（「肉なるものすべて」）を養う神を讃える（25節）。

10―15節。出エジプト伝承の想起。伝承のなかからは「初子の殺害」と「海の奇蹟」が選ばれる。「初子の殺害」は出エジプトに言及する詩篇には必ず言及される（10節の訳注参照）。本詩に用いられる表現は総じて出エジプト記が伝える物語をふまえるが、12節「強い手と伸ばした腕をもって」は申命記から採られ（申四34他）、13節「葦の海を切り分けた」は本詩独自の表現である。

16―22節。荒野時代と土地授与の伝承の想起。荒野時代については「荒野を歩ませられた」（16節）とだけ述べて済ませ、詩一三五篇10―12節と同じく、神ヤハウェがヘシュボンの王シホンとバシャンの王オグを撃ち、その地を「嗣業」としてイスラエルに授けたことに力点をおく（17―22節）。シホンとオグの撃破はヨシュア記が物語るカナン征服ではなく、民数記と申命記が伝えるヨルダン東岸における物語（訳注参照）。それゆえ、彼らの地がイスラエルの民に「嗣業」として与えられたという記述は不自然さを免れないが、シホンとオグに「偉大な王たち」（17節）を代表させているのであろう。ヤハウェの「僕」としてのイスラエルについては22節訳注を参照。

23―25節。23―24節には、これまでに詠われた、イスラエルの歴史における神の業が「われら」の想起と解放としてまとめられる。両節とも、弱小の民の歴史的現実をふまえた表現とみうる。25節「すべて肉なるものに糧をお与えになる方」には、4―9節に詠われた神による創造の業を受け、創造の神は今なお被造物である生き物を養っている、との信仰が表明される。「肉なる者すべて」は生き物全体を含む（詩一四七9参照）。

26節。本詩は最後に、いささか唐突に「天の神を讃えよ」との促しをもって締めくくられる。本詩は導入部でヤハウェを「神（々）の神」「主の主」と言い換えたが、末尾では、それをペルシア時代に流布した最高神を表す呼称をもって「天の神」と表現する（エズ一2、ネヘ一4他）。

このような本詩がエルサレム神殿で詠い交わされた時期はペルシア時代であったろう。「天の神」がペルシア時代の神の呼称であることに加え、2、3、6、12節などの表現に第二イザヤや申命記の影響がみられる。

思想と信仰

本詩は、先行する一三五篇と同じく、二つの面から神ヤハウェの業を讃美する。一つは世界の創造、もう一つは歴史におけるイスラエルの救済である。創造の神と歴史の神という神の異なる二面の統合は、一三五篇の「思想と信仰」で触れたように、ヤハウェ唯一神信仰を掲げた第二イザヤの神理解を継承する。本詩と一三五篇は言語表現の面でも多くを共有する（とくに本詩10節と一三五8、17―22節と一三五10―12）。そこで両詩篇は「双子の詩篇」と呼ばれてきた。もっとも、本詩には、一三五篇15―18節のような偶像批判は見られず、「ヤハウェの僕たち」や「アロンの家」などへの呼びかけもない。その点で、本詩のほうが作品としてすっきりとする。また、節ごとに「じつに、かれの慈愛は永遠に」と詠う本詩は典礼詩として一貫した形式が整う。

思想と信仰という面で本詩に特筆すべきものがあるとすれば、23―25節に織り込まれたそれであろうか。すでに述べたように、23―24節はそれまで詠ってきた歴史におけるヤハウェの業のまとめである。一三五篇4節には、出エジプトの出来事が神ヤハウェによる「選び」としてまとめられているが、本詩はその「選び」を苦難からの解放として総括する。旧約聖書によれば、イスラエルは偉大な民であったからではなく、弱小の民であったがゆえに、神に「宝の民」として選ばれた（申七6―8、二六5―9他）。これが旧約聖書の選民思想の根幹であり、「出エジプト」はそのことを確認する民族伝承であった。したがって、自らの歴史を回顧するとは、なによりも、この事実を確認することであった。本詩23節はそれを「低み」と表現する。ヤハウェは「高み」にあって、「低み」に目を向け（詩一三八6、イザ五七15他）、低きにある者を高め、高ぶる者を低くする神である（サム上二6―8［ルカ一51―53］、エゼ二一31他）と信じられたのである。そこに古代イスラエルで培われた唯一神信仰の逆説的特色がある（詩一三八の「思想と信仰」参照）。

他方、25節「肉なる者すべてに糧を与える方」のほうは、4―9節で讃えた創造の業を受け継ぐ。そして、4―9節に詠われた創造の業が一回限りのものではなく、被造物である生き物すべてを養うはたらきとして今なお続いている、と詠われる。この一句には、たとえば、天地創造の業に続けて、生き物たちを生かす神ヤハウェのはたらきを具体的に謳い上げる詩篇一〇四篇10―23節が凝縮されているといってよい。神学者は神による天地創造と被造物世界を支えるはたらきを区別し、前者を「原初の創造」（creatio prima）、後者を「継続的創造」（creatio continua）と呼ぶが、旧約聖書の創造信仰は両者を区別はしても、両者を別種の神の業として分離させることはなかった。彼らは自然のなかに創造と維持という二重の神の業を洞察したのである。

それにしても、二一世紀に生きる私たちは、本詩のように、歴史と自然に神の業を見て取り、それを素直に讃えられるだろうか。歴史に神の意思とその導きを洞察するには、人類はあまりにも多くの過ちを重ねてきた。被造物すべてを支える神を讃えようとすれば、私たちは自然の呻きに耳を塞ぎ、絶滅が危惧される生き物の存在に目をつむらなければならないだろう。それでもなお創造と歴史の神を讃美しうるとすれば、私たちはどこに眼差しを向けねばならないのか。

第137篇
バビロンの川のほとり

1 バビロンの川のほとり、われらはそこに座し、
シオンを想い起こして、われらは泣いた。
2 そこにある柳の木々に
われらの竪琴をかけた。
3 じつは、われらを虜《とりこ》にした者たちが
そこでわれらに歌詞を求めたからだ、
われらを嘲る者たちがなぐさみに、
シオンの歌でも歌ってみせよ、と。

4
どうして、われらは歌えよう、
ヤハウェの歌を、異郷の地で。
5
もしも、エルサレムよ、私があなたを
忘れるなら、わが右手は萎えてしまえ。
6
わが舌はわが上顎に張りついてしまえ、
もしも、私があなたを想い起こさなければ、
もしも、エルサレムを最上の喜びとしなければ。
7
想い起こされよ、ヤハウェ、
エドムの子らに対して、
エルサレムの日のことを。
彼らは言ってのけたのだ。
暴け、暴け、基まで、と。
8
娘バビロンよ、略奪された女よ、
さいわいだ、お前に仕返す者は、

お前がわれらに下した仕打ちを。
9 さいわいだ、お前の乳飲み児を
掴みとって、岩に投げ打つ者は。

訳注

〈1節〉
七十人訳は表詞として「ダビデに」を付す。
バビロンの川（ナハロート・バーベル）。バーベルはバビロニアでも主都バビロンでもありうるが、本詩ではシオン＝エルサレムと対比的に用いられる。ナハロート「川」は複数形。ユーフラテス川から水を引くために張り巡らされた運河群を念頭におく。
〈2節〉
柳の木々（アラビーム）。レビ二三40、イザ一五7、四四4、ヨブ四〇22。より厳密には乾燥地帯の水辺に育つ灌木、ユーフラテス・ポプラ（アラビア語 gharabah）。若枝の葉は細くて柳の葉に似るが、古枝につく葉は菱形。七十人訳「柳」。
竪琴（キンノロート）。原文複数。七十人訳オルガナ「楽器、道具」。
〈3節〉
われらを虜にした者たち。ユダの民を捕囚に連行したバビロニア人たち。

歌詞。原文「歌の言葉」。

われらを嘲る者たち。「嘲る者たち」と訳したトラリーム（トラールの複数形）は他に用例がなく、正確な意味は不明。ハーラル（Ⅲ）のポレル形「嘲る」（詩一〇二9他）の派生名詞とみて訳出したが、他に「追い使う者」との解釈があり、動詞ヤーラル「吠える」から「吠え猛る者、苦しめる者」（BHS脚注）、タシャーラル「略奪する」の異形ターラルの分詞「奪う者」なども考えうる。七十人訳アパガゴンテス「連行した者たち」をはじめ、古代訳も様々。

なぐさみに。楽しみに。別訳「喜びを」。その場合、ネヘ一二43「エルサレムの喜び」が歌を指すように、「喜びの歌を（求めた）」（七十人訳「讃歌を」）。サム上一八6、同下六12など参照。

シオンの歌。次節「ヤハウェの歌」からみて、エルサレム神殿で歌われていたヤハウェ讃歌。

〈4節〉

どうして（エーク）。嘆きの疑問感嘆詞。哀一1、二1、四1など参照。

ヤハウェの歌。ヤハウェ讃歌。代下七6（新共同訳「主の楽器」）の原文は「ヤハウェの歌の楽器」）、二九27参照。

〈5節〉

わが右手は萎えてしまえ。竪琴を弾けなくなってもかまわない、との意。なお、シャーカハ「萎える」は前行「忘れる」と同音異義語なので、「あなたはわが右手を忘れよう」「わが右手は（竪琴を奏でることを）忘れよう」などの訳も可能。七十人訳「わが右手は忘れられてもよい」。

〈6節〉

わが舌はわが上顎に張りついてしまえ。詩一三七6に同様表現。ここでは、歌が歌えなくなってもかまわない、との意。

エルサレムを最上の喜びとしないなら。別訳「エルサレムをわが喜び(の讃歌)のはじめに(歌い)上げないならば」。七十人訳「もしも、エルサレムをわが喜びの最初におかないならば」。

〈7節〉

エルサレムの日。エルサレム陥落の日(王下二五参照)。このとき、エドム人はバビロニア軍の攻撃に加担し、ユダ滅亡の機会をとらえてかつてのユダの領地を侵略した(エゼ二五12以下、三五10以下、オバ12他)。

暴け。エーラー「暴く」は「裸にする」が原意(ハバ三13)。女性を裸にして辱める、といった意味合い。

〈8節〉

娘バビロンよ、略奪された女よ。「娘バビロン」は「娘シオン」などと同様、バビロニアの擬人化(イザ四七1)。ハ・シェドゥダー「略奪された女」はハ・ショデダー「略奪した女」(七十人訳)と読み替えるべきか。

仕返す者。報いる者。報復の処罰(エレ五一6他)を念頭におく。

〈9節〉

乳飲み子を……岩に投げ打つ。これに似たバビロンへの報復はイザ一三16、18。

構成、主題、背景

バビロンの川岸で故郷のシオン（＝エルサレム）を偲ぶ本詩は、詩篇には珍しく、バビロニア捕囚という時代背景が明白な作品である。1―4節には連行されたユダ捕囚民のシオンに対する切々とした情感がにじみ出る。7―9節には、エドムとバビロニアに対する怨念のこもった復讐願望がほとばしり、シオン望郷が怨念をもって締めくくられる。その間の5―6節はシオンに向けた誓いの言葉。これら三つの連から本詩は構成される。

第一連（1―4節）。「バビロンの川のほとり、われらはそこに座し、シオンを想い起こして、われらは泣いた」（1節）と詠いはじめる第一連は、捕囚民の望郷の想いを綴って叙情的である。「われらは「われらを虜にした者たち」から「シオンの歌を歌ってみせよ」と求められたが、それを断り、竪琴を流れのほとりの木にかけた（2―3節）。そのうえで、異郷の地で「われら」を嘲る者たちのなぐさみに「どうして、歌えようか、ヤハウェの歌を」と自らに問い返す（4節）。3節「シオンの歌」は4節「ヤハウェの歌」と同義。いずれもエルサレム神殿で奉げていたヤハウェ讃歌を指すだろう（代下七6、二九27参照）。それは、本詩の詠い手たちが捕囚に連行されるまでエルサレム神殿に仕えていた楽士であり、詠唱者であったことを示す。

第二連（5―6節）。詠い手は「われら」から「私」に変わり、エルサレムに向かって「あなた」と呼びかける。「私」は第一連の「われら」の想いを引き継ぎ、もしもエルサレムを忘れるようなことがあれば、自分の右手が萎えて、竪琴が奏でられなくともかまわない、舌が上顎について、讃歌が口にできなくなってもかまわない、と詠う。両節とも、仮定文（「もしも、……ならば」）と自己呪詛（「わが右手／わが舌は……なれ」）からなる誓約の文体をもって、私は「あなた」をけっして忘れない、とエルサレムに向かって誓う。

第三連（7―9節）。詠い手はふたたび「われら」に戻り、エドム人が口にしたエルサレムに対する嘲りを神ヤハウェに訴え（7節）、「乳飲み子を岩に投げ打つ」といった激烈な表現をもって、エルサレムを破壊したバビロニアへの復讐願望を露わにする（8―9節）。バビロニアと並んで、エドム人がここに名指されるのは、彼らがバビロニア軍によるエルサレム攻撃に加担し（王下二四2）、ユダの滅亡という機をとらえて、かつてのユダ領を侵略したからである（エゼ二五12以下参照）。

このように、本詩には捕囚の民の望郷と怨念が詠い出されるが、その背景をもう少し詳しくみてみよう。

そもそも、バビロニア捕囚民であった「われら」は何のために「バビロンの川のほとりに」いたのであろうか。それについては、次のような想定が可能である。

「バビロンの川」の「川」は複数形であり、訳注でも触れたように、それはユーフラテス川ではなく、ユーフラテス川から水を引くために碁盤の目のように掘削された灌漑用運河を指している。こうした運河の川底は次第に土砂で埋まってゆく。そのために、毎年、底ざらいをして、洪水が起こる危険性を除かなければならなかった。ここから、本詩の詠い手たちは捕囚民として運河の底ざらいに駆り出されていたのではないか、と思わされる。運河のほとりでしばしの休憩をえたユダ捕囚民が思い浮かぶ。「われらを嘲る者たち」とは、その労働を監督するバビロニア人であったろう。

ならば、そうしたユダ捕囚民のなかに竪琴を奏でる楽士がいたのか。列王記によれば、エルサレムからバビロニアに捕囚民として連行された人々は、王族と高官たちのほかは、兵士と職人たちであった（王下二四14以下）。そこに楽士も含まれていたかどうか、明記されてはいない。バビロニア側の資料にもユダ捕囚民に関する詳しい記録は残されていない。バビロニア王ネブカドネツァルは戦勝碑文を刻ませなかった。ところが、一世紀ばかり遡ると、アッシリア王センナケリブ（前七〇四―六八一）がニネヴェの宮殿内を飾る浮彫に、楽士たちを捕囚民として連行する場面を描かせている。それに加え、センナケリブの戦勝碑文は、ユダの王ヒゼキヤの時代、エルサレムから「男女の詠い手たち」がニネヴェに連行された事実を次のように伝えている。

ヒゼキヤについては、わが主権の威光への畏れが彼を圧倒した。彼が王都エルサレムのなかに編入していた傭兵と彼自身の兵士らを、金三〇ビルトゥと銀八〇〇ビルトゥを、彼の宮殿のあらゆる宝物を、そして彼の娘たちと王宮の婦人たちを、男女の詠い手たちを、彼はニネヴェに送ってきた（注一）。

ここに記されたヒゼキヤによる貢納は、いうまでもなく、センナケリブの要求に基づく（注二）。そのうち、兵士、婦人、男女の詠い手たちの連行は、アッシリアによる大量強制移住政策の一環であった。ネブカドネツァルも、こうしたアッシリアの大量強制移住政策を踏襲したにちがいない。バビロニア捕囚民のなかに神殿付き詠唱者の一族がいたことは、捕囚帰還民の一覧からも確認できる（エズ二41他）。

このようにみると、本詩の背景には、バビロニア捕囚に連行された神殿付き楽士の存在が想定されるだろう。運河における労働の合間に、上に立つバビロニア人たちから「シオンの歌を歌ってみせよ」と要求された情景が眼に浮かぶ。

もっとも、そのようなとき、捕囚民たちが本詩に詠われたような仕方で、バビロニア人からの求めを拒絶することは許されなかったろう。彼らには、そうした求めに応じ、竪琴に合わせて「シオンの歌」を歌う他にとる術はなかったはずだ。竪琴を木の枝にかけたのはおそらく事実ではなかった。4節「どうして、われらは歌えよう、異郷の地で、ヤハウェの歌を」という反語表現も、「ヤハウェの歌」を歌わされてしまったことへの慙愧の念を観念的に反転させたものにちがいない。バビロニア人たちはといえば「シオンの歌」を聞き、その意味を説明させながら（3節には「歌詞」とある）、この者たちが讃える神は無力で、哀れなものよ、とうそぶいた。

エルサレム神殿に仕えていた楽士たちにとって、それは慙愧にたえない屈辱的体験であった。彼らの神ヤハウェを讃える「シオンの歌」が、いまや異郷の地で、彼らを追い使う者たちのなぐさみものにされている。かつて彼らは、エルサレムの神殿において、楽士として竪琴を奏で、「ヤハウェの歌」

を歌い、会衆とともにヤハウェを讃えていた。だが、いまや、その神殿もシオンの都も廃墟と化し、彼らを捕囚にした者たちの笑いぐさにされている。そのことを想えば、自ずと涙がこぼれる。悲痛な思いにとらわれる。それがまた彼らのうちに望郷の念をいっそう掻き立てることになった。

本詩の行間には異郷で屈辱に身を晒す楽士たちの哀感が埋め込まれている。彼らは悲哀のなかでこの詩を紡ぎ、心の平衡を取り戻そうとしたのではなかったか。

思想と信仰

本詩に詠われるシオン＝エルサレムへの望郷の想いは、いまなお、読む者の心の琴線に触れるものがある。人は遠く離れた故郷を、ときに懐かしく、ときに切なく、想い起こす。「故郷《ふるさと》おもひ涙ぐむ」と記したのは室生犀星であるが、はるか昔、バビロニアに囚われの身となった人々も同じように詠っている。もっとも、本詩の詠い手は故郷をただ懐かしく想い起こしたのではない。故郷シオンに「あなた」と呼びかけている。「もしも、私があなたを忘れるならば」（5節）、「もしも、あなたを想い起こさないならば」（6節）。しかも、「あなた」には女性形が用いられ、あたかも「わが最上の喜び」である恋人に語りかけているかのようだ。

このようにエルサレムを女性として擬人化する伝統は預言者に遡る。イザヤはエルサレムを「娘シオン」と呼び（イザ一8他）、真実を喪失させ、正義と公正を守ろうともしないこの町を不実な「遊女」に見立て糾弾した（イザ一21―23）。そうした擬人法はイザヤ以後の預言者に継承されてゆく（エレ六2、ミカ四10他)。哀歌もまた「娘シオン」を多用して、神ヤハウェに棄てられて「寡婦」となり、慰める者もいないシオンの都を嘆く(哀一―二)。さらにそれが、シオンに呼びかけ、見棄てられた女にふたたび慰めが与えられ、着飾った花嫁、多くの子を恵まれた母のようになる解放の時の到来を詠いあげる第二イザヤの預言詩に引き継がれてゆく(イザ四〇1―2、四九14―21他)。このようにシオン＝エルサレムを女性として擬人化する伝統を本詩も受け継ぐ。

はたして、バビロニア捕囚からの解放は、第二回捕囚から数えて五〇年目に実現した。だが、バビロニアから故郷に帰還し、自分たちの社会を再建した民族は、ユダ捕囚民の他にはなかった。それは、半世紀にわたって、ユダ捕囚民がシオンへの望郷の想いを次世代へと語り伝えたことを物語る。本詩が後世に伝わったということ自体が、本詩がそうした役割の一端を担ったことを示している。

だが、シオン望郷と並んで、本詩の最後に詠われる怨念と復讐願望に対しては、読者の多くが顔をしかめよう。この部分さえなければ、との声も聞く。イエスによる愛敵の教えを知る読者ならば、ここに旧約聖書の限界を見てとるだろう。だが、そうはいっても、不当に攻撃されれば、報復を願うのが人の常、意趣返しは人情である。旧約聖書は、そうした人間的な思いを隠さない。預言者エレミヤでさえ、自分を迫害する敵への復讐を露骨な言葉で神に願い求めている(エレ一五15、二〇12他)。個人の嘆きの詩篇にも敵への報復を願う言葉は繰り返される(詩三8、五11他)。こうした復讐願望をどのようにして昇華させ、克服するのか。それが、今日にいたるまで、個人にも、社会にも、国家にも課せられた大きな課題になってきた。

旧約聖書は、その点において、復讐や報復を神の業に帰そうとする。申命記は「わたしが復讐し、わたしが報復する」という神ヤハウェの言葉を伝え（申三二35）、箴言は「悪への報復を口にしてはならない、神を待ち望め」と民を諭す（箴二〇22。二四29も参照）。新約聖書では、福音書が「右の頬を叩かれたら、左の頬をも差し出せ」「敵を愛し、自分を迫害する者のために祈れ」というイエスの教えを伝え（マタ五39、44）（注三）、パウロは申命記の一節を引用して、復讐は神に委ね、善をもって悪にうち勝つように、と説く（ロマ一二19―21）。

エレミヤや個人の嘆きの詩篇が敵への報復を願うのは、じつは、自らに報復する力がなかったからである。本詩でいえば、ユダ捕囚民たちには、エドム人やバビロニアに復讐する能力も機会も、じっさいにはもちえなかった。であればこそ、募る復讐心を神ヤハウェに向け、報復は神に委ねる他になかったのだ。彼らにとっては、唯一、ヤハウェだけが「報復の神」（詩九四1他）であった。旧約聖書に少なくない報復願望は、人々が自らの力で報復できなかったことの裏返しでもあった。

注

（一）Senn.46, 30-32 (A. K. Grayson / J. Novotony, *The Royal Inscriptions of Sennacherib, King of Assyria (704-681 BC)*, Part 2, Winona Lake, 2014, pp. 80f. ほぼ同一の内容は Senn.140, rev. 19ff. (*Ibid.*, p. 185) にも。

（二）この碑文にある「金三〇ビルトゥと銀八〇〇ビルトゥ」は王下一八14「アッシリア王はユダの王ヒゼキヤに銀三〇〇キカルと金三〇キカルを課した」を思わせる。一ビルトゥ（biltu）はヘブライ語の単位キカル（kikkar）に対応する重さの単位。約三〇キログラム。

（三）このイエスの教えを具体的に実践しようとすると、むずかしい課題に直面する。右の頬を打たれて、左の頬を向けるとき、人は自らを相手より精神的な高みにおいて、相手を見くだすことにならないか、愛する者に加えられた攻撃に反撃もしないようでは、深く愛するといえるかどうか、などなど。

第138篇
低き者をご覧になり

1　ダビデの〔歌〕。
私は心を尽くしてあなたを讃え、
神々の前であなたをほめ歌います。
2　聖なる宮に向かってひれ伏し、
あなたの慈愛と真実のゆえに、
私はあなたのみ名を讃えます。
じつに、あなたはあらゆる名にまさって、

あなたのみ名と仰せを偉大にされました。
3 私が呼ばわる日に、あなたは私に応え、
力をもってわが魂を励ましてくださいます。
4 ヤハウェよ、地の王はすべてあなたを讃えます。
じつに、彼らはあなたの口の仰せを聞きました。
5 彼らはヤハウェの道でうたいます、
じつに、ヤハウェの栄光は偉大、
6 じつに、ヤハウェは高くいまし、
低き者をご覧になり、
高き者を遠くから知られる、と。
7 たとい、苦難のただなかを私が歩むとも、
あなたは私を生かし、わが敵の怒りに
み手を伸ばし、右手で私を救われます。
8 ヤハウェはわがために成し遂げられます。
ヤハウェよ、あなたの慈愛は永遠です、

み手の業を放置しないでください。

訳注

〈1節〉

ダビデの〔歌〕。本詩から一四五篇までは表詞に「ダビデの」と記される「ダビデ小詩集」。

心を尽くして。直訳「わが全心をもって」（詩九2）。申六5他「心を尽くし、魂を尽くし、力を尽くして、あなたの神ヤハウェを愛さなければならない」（↓マコ一二30他）の「心を尽くして」に同じ。なお、七十人訳、死海写本（11QPs^{a}）、異本は「ヤハウェよ」を加える。

あなたを讃え。七十人訳はこの後に「あなたはわが口の言葉を聞いてくださったのですから」を加える。

神々の前で。「神のみ前で」とも訳せるが、本詩は神ヤハウェに「あなた」と呼びかけているので、「神の」（↓新共同訳）は不自然に響く。他方、「神々」と訳せば、唯一神信仰に抵触しかねない。そこで七十人訳などは「み使いたちの前で」と訳す（↓新改訳他）。「神々」が天的存在を表す事例は詩八二1などにあり、異邦の神々への言及は詩九六4などにみられる。死海写本（11QPs^{a}）は「神ヤハウェの前で」。

〈2節〉

聖なる宮。原文「あなたの聖なる宮」。ヘーカル「宮」は「大きな家」を意味するシュメル語エ・ガル（E.GAL）のアッカド語形エカッル（ekallu「宮殿」）からの借用語。ヘブライ語では「宮殿」（王下二〇18他）を指すこともあるが、大半は神殿を表す。その場合、神殿全体を意味するバイト「（神ヤハウェの）家」やミクダシュ「聖所、神域」と区別され、「本殿」を表すことが多い（エゼ四一1参照）。この区別は七十人訳や新約聖書に踏襲される（ナオス「本殿」とヒエロス「聖所、神域」）。

慈愛と真実のゆえに。詩一一五1に似る。詩篇ではヘセド「慈愛、慈しみ」（ギ éleos）とエメト「真実、まこと」（ギ alḗtheia, pístis）は神ヤハウェの特性。両語が対語となる箇所は詩篇に十一例（他に詩二五10、二六3、四〇11、12、五七4、11［＝一〇八5］、八五11、八六15、八九15、一三八2）。そのうち詩五七4、八九15で両者は「み使い」のように擬人化される。詩篇以外では創二四49、三二11、出三四6、サム下二6など。これらすべての用例において「慈愛」が「真実」に先行するのは、「慈愛」のほうに重きがおかれるからか。逆の場合はホセ四1、ミカ七20のみ。ホセ四1によれば、「真実と慈愛と神を知ること」が人間たる重要な三要件。

あらゆる名にまさって。原文「み名（＝あなたの名）のすべてをこえて」は前行「み名を讃える」と齟齬をきたすので、BHS脚注にならって読み替える（フィリ二9「あらゆる名にまさる名」、エフェ一21「あらゆる名の上に」も参照）。別の読み替えに「あらゆる天をこえて、あなたの仰せを偉大にされた」など。七十人訳「すべての名をこえてあなたの言葉を大きくする」。

仰せ（イムラー）。「あなたの仰せ」。「仰せ」の七十人訳はロギオン（lógion）。詩一一九篇などでは律法の別語（詩一一九11他）。4節では「あなたの口の仰せ」。

〈3節〉

私に応え。七十人訳「すぐにも私にお応えください」。詩六九18。

わが魂を励ます。原文「私をわが魂において元気づける」。「元気づける」の七十人訳は「大いに心にかける」。

〈4節〉

地の王はすべて。地上の王たちすべてがヤハウェに帰依する、という思想は詩七二11、一〇二16などにも。地上の諸国民がヤハウェを拝するためにエルサレムに参詣するとの終末預言に通ずる（イザ二3［＝ミカ四1］、六六18、ゼカ八20―21他）。

口の仰せ。イムラー「仰せ」については2節の訳注参照。中八3「ヤハウェの口から出るもの（＝言葉）」を思わせる。七十人訳「あなたの口のすべての言葉」。

〈5節〉

ヤハウェの道で。「道」は複数。「ヤハウェの道を歩んで」の意。伝統的には「ヤハウェの道を／について（歌う）」（新共同訳他）と訳されるが、前置詞べが「歌う」の目的語を表す用法は他にない。七十人訳も「主の道で」。「ヤハウェの道」は、この場合、地のすべての王たちがエルサレムに詣でる「道々」（M. D. Goulder）というよりは、「ヤハウェの仰せ」と同じく、律法の別語とみられよう。詩一一九3、一二八1他「かれ（＝ヤハウェ）の道を歩む」。

〈6節〉

高くいます（ラーム）。ヤハウェは他の神々や地の王たちをはるかに凌ぐ。詩九九2、一一三4参照。

低き者（シャファール）。謙遜な者（イザ五七15「霊において低くある者」）というよりは、権力も栄誉もなく、虐げられた存在をいう（ヨブ五11、エゼ二一31）。原文単数、七十人訳は中性名詞複数形。
高き者を知る。ガボーアハ「高き者」とは権力や栄誉をもつ存在。「高ぶる者」とも訳しうる（詩一〇一5「眼で高ぶる者」）。原文単数。七十人訳は中性名詞複数を充てる。動詞ヤーダアを「知る」でなく「従わせる」と理解すべきかどうかは不確か（DCH IV 111a: yd' II）。

〈7節〉

わが敵の怒りに。別訳「わが敵の怒りにもかかわらず」。その場合、前文に結びつける。ＢＨＳは語順を替え「怒りをわが敵のうえに」と読むことを提案。
その右手。ヤハウェの力の象徴。詩一〇八7他。本行の七十人訳の動詞はアオリスト。

〈8節〉

わがために成し遂げる。別訳「私に代わって……」「わが背後で……」。七十人訳「わがために報復される」。
あなたの慈愛は永遠です。詩一三六篇で節ごとに繰り返されるリフレインに同じ。
み手の業。原文複数。地上における神ヤハウェの業。写本の多くは単数形で伝える。その場合、「み手の業」は詠い手自身を指すとも読める（ヨブ一四15参照）。

構成、主題、背景

詠い手である「私」がヤハウェを「讃える」（ないし「感謝する」）形式をとる本詩は、詩篇の類型上、「個人の讃美の詩」とも「個人の感謝の詩」とも呼ばれる。「讃美」でも「感謝」でもありうるのは、1、2、4節に用いられる動詞ヤーダーが「讃美する」とも「感謝する」とも訳せるからである（試訳は「讃美する」で統一）。本詩は三連から構成される。

第一連（1―3節）。本詩は「ヤハウェよ」「わが神よ」といった呼びかけの言葉を用いず、いきなり「私は心を尽くしてあなたを讃え、神々の前であなたをほめ歌う」とはじまる。「私」が讃美するのは、ヤハウェの「慈愛と真実」のゆえであり、ヤハウェが「み名と仰せ」の偉大さを示してくれたからであり、「私」の祈りを聞き届け、「私」を力づけてくれるからである。

ここには解釈の分かれる語句がいくつかみられる。「神々の前で」（1節）がその一つ。エロヒーム「神々」は単数で「神」と訳すことも可能。七十人訳以来、これを「み使いたち」と解釈する伝統も根づよい（訳注参照）。試訳が「神々の前で」と訳したのは、「他の神々をさしおいてあなただけを」といった含意をここに読み取るからである。

もう一つの句は「聖なる宮に向かって」（2節）。「聖なる宮」がエルサレム神殿を指すことに異論はないが、この句がエルサレム神殿参詣を前提にしているのか（詩五8他）、異郷にあってエルサレム神殿の方角に向かって礼拝することを意味するのか（王上八48他）、必ずしも自明ではない。先行する詩篇一三七篇が異郷にある信仰者の詩篇であったことを考慮すれば、後者の可能性も排除できない。また、異郷で詠われたとすれば、「神々の前で」という句がにわかに生きることになる。2節「あらゆる名にまさって」（読み替え）については、訳注を参照されたい。

第二連（4―6節）。詠い手はここではじめて「ヤハウェよ」と呼びかけ、眼を全地に向けて「全地の王」であるヤハウェを宣揚する。地上の王たちはすべてヤハウェを讃え、その「仰せ」を聞いてヤハウェの道を歩み（「ヤハウェの道で」）、ヤハウェの偉大な栄光を口の端に上らせるであろう、と（4―5節）。

ここにみる、地上の王たちすべてが神ヤハウェに帰依するという思想は、ヤハウェを讃える他の詩篇にも詠われ（詩七二11、一〇二16他）、九三篇から一〇〇篇にはヤハウェを「全地の王」と讃える作品が並ぶ。それは、諸国民がヤハウェを拝するためにエルサレムに参詣する、という終末預言にも通じよう（イザ二3［＝ミカ四1］、六六18、ゼカ八20―21他）。しかし、本詩において地上の王たちが讃えるヤハウェの偉大さは、高き存在でありながら、「低き者」に眼を留め、「高き者を遠くから知っている」ことにある（6節）。最後の二行には「低き者」と「高き者」が並ぶ。両者を並べることによって、ヤハウェは高ぶる者を低くし、低みにある者を高める神であることを暗に表明しているのであろう（「思想と信仰」参照）。

第三連（7―8節）。詠い手である「私」は、最後に、ふたたび自分自身に眼を向けなおし、苦難のなかにあって、なお「私」を生かしめる神を讃え、「み手の業」を見放さないでほしい、という願いをもって全体を締めくくる。なお、「み手の業」の原文は複数形だが、これを単数形で伝える写本も少なくない。複数形のまま読めば、「み手の業」はヤハウェによる創造の業である被造世界とも（詩八7―9、一〇四24他）、歴史におけるヤハウェの業とも（詩二八5、六四10他）解されよう。多くの写本にしたがって単数形に読み替えれば、「み手の業」は詠い手自身を指すだろう（ヨブ一四15参照）。動詞にヒルパー「放置する、見棄てる」が用いられていることから、後者の解釈を採るべきか。

本詩が詠われた背景については、すでに述べたように、「聖なる宮に向かって」（2節）という表現の解釈により、二通りの想定が可能である。これをエルサレム神殿の「本殿に向かって」という意味に解すれば、祈りを聞かれた信仰者がエルサレム神殿に参詣し、感謝と讃美の祈りを捧げる場面が想定されるだろう。他方、第二神殿時代には、異郷の地にあるユダヤ人たちがエルサレム神殿の方角に向かって祈る習慣も定着していた（王上八48他）。ダニエルは日に三度、「エルサレムに向かって」祈りをささげたという（ダニ六11）。「エルサレムに向かって」とは、いうまでもなく、エルサレム神殿の方角を向いて、という意味である（代下六34）。したがって、「聖なる宮」をエルサレム神殿と解し、本詩は異郷に住むディアスポラのユダヤ人がエルサレム神殿に向かってささげる祈りとして伝えられた、との想定も可能である。その場合、1節「神々の前で」や4節「地の王はすべて」といった表現がより現実味をもつことになる。

もっとも、本詩には、全体として、ごく一般的な用語が用いられる。詠い手のおかれた情況が具体的に描写されることはない。個人の「讃美／感謝」に地のすべての王による讃歌が挿しはさまれることも自然とはいえないだろう。そうした点を勘案すれば、本詩は一般の信徒が残した「讃美／感謝」の詩というよりは、祭司たちによって個人の感謝と讃美の祈りの範例として編まれた作品であったように思われる。その際、祈り手として、異郷でエルサレム神殿の方角に向かって祈るディアスポラのユダヤ人を念頭においていた可能性は低くない。

思想と信仰

個人の「讃美／感謝の詩」でありながら、本詩の第二連には、「地の王すべて」によるヤハウェ讃歌が挿しはさまれる。そこでは、地上の王たちがヤハウェに帰依することが前提にされる。だが、現実には、地上の王たちがイスラエルの神ヤハウェに帰依するなどということはありえなかった。

西アジアの強大国に眼をやれば、エジプトには太陽神ラーを中心とする神々の世界があり、ファラオ自身が神格化されていた。アッシリアの王たちは国家神アッシュルを信奉し、バビロニアの王たちは神々の王マルドゥクの地上における代理人とみなされていた。ペルシアの王があがめたのは、ペルシアの最高神アフラ・マズダであった。彼らはヤハウェという名さえ知らなかったろう。

ところが、イスラエルの信仰者たちは、弱小の民でありながら、彼らの神ヤハウェが天地創造の神、地上の歴史を導く唯一の神であることを信じた。なかでも預言者たちは、地上の王たちの動向でさえもこの神の計画に沿う、と信じて疑わなかった。イザヤはアッシリア王の攻撃をイスラエルに対するヤハウェの「怒りの鞭」と表現し（イザ一〇5）、エレミヤはバビロニア王ネブカドネツァルをヤハウェの「僕」と呼んだ（エレ二五9他）。そうした理解は捕囚末期の匿名の預言者「第二イザヤ」にも引き継がれ、ペルシア王キュロスはヤハウェの「僕」であるばかりか、ヤハウェによって「油注がれた者」とみなされた（イザ四五1）。ここには、地上の歴史はすべて神ヤハウェの差配のもとにある、との確たる信仰が息づく。

　こうした信仰は、一方で、シオン＝エルサレムを「全地の王」なるヤハウェが選んだ地上の座所とする「シオン神学」（詩四六篇、四八篇の解説参照）と容易に結びついた。他方では、ヤハウェのみが唯一の神として全地であがめられ、諸国民がヤハウェを拝するためにエルサレムに参詣する時代が訪れる、といった終末預言へと結晶する（イザ二2―5、六六18、ゼカ八20―21他）。地上の王がすべてヤハウェを讃える、と詠う本詩は、後者の信仰に連なるだろう。

「地の王すべて」が神ヤハウェを讃える内容は、接続詞キー（試訳では「じつに」）をもって5節と6節に記される。「じつに、ヤハウェの栄光は偉大、じつに、ヤハウェは高くいまし、低き者をご覧になり、高きものを遠くから知っておられる」（6節）。前述したように、「低き者」と「高き者」の並列は、「低き者」も「高き者」も、すなわち「誰しもすべて」と解せなくもないが（注二）、ここでは、むしろ、いと高き存在でありながら、苦しむ者（「低き者」）に心を向け、権力を振りかざす者（「高き者」）の行動をしっかり見きわめる神ヤハウェを讃えているのであろう。

　歴史の流れを振り返れば、弱小の民イスラエルは存続し続け、アッシリア、バビロニアといった強大国は滅び失せてゆく。現実の世界は、一見、強者が弱者を制圧するかにみえる。だが、長い目でみれば、歴史の覇者は衰退し、消滅してゆく。じじつ、西アジアのほぼ全域を版図に収めた新アッシリア帝国は、前七世紀末に消滅した。エルサレムを陥落させた新バビロニア帝国の覇権も一世紀以上は続かなかった。ペルシア時代でさえ二世紀を大きくこえて存続することはなかった。古代イスラエルの信仰者たちはこうした歴史の背後に、「低き者」に眼を注いでこれを高め、自らの力を誇る「高き者」を低くする神ヤハウェの意思を見てとったのである。そして、「地の王すべて」がそのことを認め、神ヤハウェに帰依する時代の到来を待ち望んだ（詩七二11、一〇二16なども参照）。

こうして、古代イスラエルの信仰者たちは、バビロニア捕囚期以降、彼らの民族神ヤハウェを万物の創造神にして、人類の全歴史を差配する唯一絶対の神として宣揚してゆく。しかも、その唯一神ヤハウェの偉大さは、すべてを超越した高き存在にではなく、砕かれて、小さく、貧しくされた「低き者」に眼を注ぐことにおかれたのである。それが旧約聖書における唯一神信仰の逆説的特色である。そのことがイザヤ書には次のように詠われる（イザ五七15）。

じつに、こう言われた、
高くいまして、あがめられる方、
永久に住まい、聖なる名の方が。
わたしは聖なる高みに住まおう、
砕かれた者、霊の低き者とともに、
低き者たちの霊を生かすため、
砕かれた者たちの心を生かすため、と（注二）。

旧約聖書のこのような神観が「小さき者の神」としてナザレのイエスに引き継がれてゆくことはいうまでもない。

注

（一）その場合には、「彼らの小さな者から大きな者まで」（エレ六13他）や「大きな者から小さな者まで」（代下三四30）のように、「低き者から高き者まで」といった表現になったろう。

（二）神ヤハウェは低きを高め、高きを低くする、と詠われる箇所は詩七五8、サム上二6―8などにもみられ、それはイスラエルの指導者のつとめとして受けとめられた（ヨブ五11、エゼ二一31参照）。新約聖書ではルカ一51―53、ロマ一二16、二コリ七6などに引き継がれる。

第139篇

ヤハウェよ、わが内を探り

1 指揮者に、ダビデの歌。
ヤハウェよ、あなたは私を探り、知ってくださる。
2 私が座すのも立つのも、あなたは知っておられる、
遠くから、あなたはわが思いをわきまえられて。
3 私が出るのも入るのも、あなたは察してくださる、
わが歩みのすべてを、あなたは承知しておられて。
4 じつに、わが舌にまだひとつの言辞さえなくとも、

ヤハウェよ、あなたはすべてを知っておられる。
5 後ろからも前からも、あなたは私を囲み、
わが上にあなたの掌をおいてくださった。
6 その知識は私にはあまりに不思議、
あまりに高く、私には及びません。
7 あなたの霊から離れて、私はどこに行き、
み顔から離れて、どこに逃れえましょう。
8 かりに私が天に上ろうとも、そこにあなたはおられ、
冥界に床を設けようとも、そこにあなたはおられます。
9 私が暁の両翼を駆って、
海の果てに住もうとも、
10 そこでもあなたのみ手は私を導き、
あなたの右手が私を捕えましょう。
11 闇が私を撃ちのめす、と思ったものの、
夜でさえ、光がわが周りにありました。
12 闇でさえ、あなたには暗くなく、

夜でさえ、昼間のように照らし、
暗闇も光もなんら変わりません。
13 じつに、あなたはわが内臓を造り、
わが母の胎で私を編み上げられました。
14 私はあなたを讃えましょう、畏れ多くも、
私は不思議な者とみなされるのですから。
あなたのみ業が不思議とは、
わが魂がしかと知っています。
15 わが骨はあなたから隠されませんでした、
私が秘められた場所で造られ、
地の底で紡ぎ出されたときも。
16 胎児の私をあなたの眼はご覧になり、
あなたの書にそのすべてが記されました、
造られた日々の一日もまだないときに。
17 あなたの思いは、神よ、私にいかに尊く、
そのすべてはいかに力強いことでしょう。

18 私が数えようとしても、それは砂粒より多く、
目覚めても、なお私はあなたのもとにいます。

19 もし、神よ、あなたが邪悪な者を殺されるなら、
流血の輩《やから》たちはわがもとから離れ去るでしょう。

20 彼らは企んであなたのことを語り、
あなたの町々を虚しく取り上げました。

21 あなたを憎む者たちを、ヤハウェよ、私は憎まず、
あなたに歯向かう者たちを嫌悪しないでしょうか。

22 まったき憎しみで私は彼らを憎みます、
私にとって彼らは敵になったからです。

23 神よ、私を探り、わが心を知ってください。
私を吟味して、わが不安を知ってください。

24 私に偶像の道があるかどうかを見て、
永遠の道に私を導いてください。

訳注

〈1節〉

指揮者に、ダビデの歌。詩四〇、一〇九篇の表詞に同じ。

〈2節〉

遠くから。「すべてを見渡して」というほどの意味。エレ二三23「遠くからの神」参照。

わが思いを。レア「思い」（17節にも）はアラム語からの借用語。異本に「わが知識を」。神は信仰者の一挙手一投足だけでなく、思いを知る。人の「心と思い」を吟味する神は詩七10、一七3、二六2他、預言書ではエレ一一20、一二3、一七10他（↓一テサ二4）。こうした神観は新約聖書にも引き継がれる。ルカ一六15、使徒一24、ロマ八7、他。

〈3節〉

出るのも入るのも。オルヒーをアーラハ「旅立つ」の、リブイーをラーアブ「入る」の不定詞と理解する。名詞とみれば「わが道筋と私が横たわるのを」。七十人訳「わが道とわが葦（＝寝台？）を」。

〈4節〉

承知する。七十人訳「予知する」。

〈5節〉

七十人訳は二行目を5節とし、二行目末尾に「終りもはじめも」を付す。

掌をおく。「手をおく」と同様、祝福を与えること（創四八14他）。七十人訳の本節は「あなたは私をかたち造り、あなたの手をわが上におかれた」。

〈6節〉

知識。「知ること」。七十人訳「あなたの知識」。

〈7節〉

どこに行き。以下12節まで、人はすべてを差配する神から隠れようがないことを詠う。アモ九2―3、エレ一六17、二三24など参照。新約聖書ではヘブ四13など。

あなたの霊。人間にはたらく神ヤハウェの力。「み顔」と対で言及される箇所に詩五一13、一〇四29―30。

〈8節〉

冥界に床を設けようとも。七十人訳「ハーデスに下ろうとも」。シェオール「冥界」もハーデスも死者が赴くと信じられた地下界。「冥界」については、詩六6の訳注参照。

〈9節〉

暁の両翼。古代の人々は東の地平線から西の地平線までを照らし出す「暁」に「翼」を感じ取った。七十人訳「暁にわが翼を」。

海の果て。地の果てのさらに果て。古代西アジアの人々は大地の果てを海が取り巻くと考えた。

〈11節〉

死海写本（11QPs[a]）「私は言おう、じつに闇が私を覆い、夜が私を締めつけた、と」。

撃ちのめす（シューフ）。別訳「隠す」。創三15、ヨブ九17に用いられる動詞。七十人訳「踏みつける」。

わが周りに。七十人訳「わが愉しみのなかで」。

〈12節〉

闇でさえ、あなたには暗くなく。神は光であり、暗黒をも見通す（ダニ二22参照）。それゆえ、神の前には不法を行う者たちが隠れる闇も暗黒もない（ヨブ三四22）。信仰者は、逆に、暗黒と思える人生を歩むときも、災いを恐れることはない（詩二三4）。

〈13節〉

内臓。直訳は「腎臓」。「思い」をつかさどる器官と考えられた。

母の胎で編み上げる。ヨブ一〇11参照。母胎で胎児が形成されてゆく謎はコヘ一一5にも。七十人訳「わが母の胎から私を支えられた」。

〈14節〉

不思議な者。自分という存在が生かされていることを「不思議」と受け止めた感懐。次節では、そのことが自らの誕生の不思議さと重ね合わされる。他者と比較して自らを特別な存在とみなしているのではない。但し、死海写本（11QPs[a]）などから「あなたは畏れ多く、不思議な方」との読み替えもなされる。

〈15節〉

わが骨。死海写本（11QPs[a]）「わが労苦」。

地の底。「秘められた場所」と同じく、「人間の理解をこえたところで」というほどの意味。「私が」以下の七十人訳「それ（＝骨）をあなたは隠れた場所で造られた、わが存在は地の底にあって」。

〈16節〉

胎児の私を。エレ一5参照。七十人訳「形づくられる前の私を」。

あなたの書。人の一生は神により胎児のときに定められ（ヨブ一四5参照）、神のもとにおかれた書に記されている。この書は「生命の書」とも呼ばれ、救われる人の名が（出三二32、詩六九29、ダニ一二1他）、また個々人の歩みが記されている（詩五六9、マラ三16など）。こうした思想は新約聖書に引き継がれてゆく。ルカ一〇20、フィリ四3、ヘブ一二23、黙三5他。

造られた日々の……。七十人訳「それらは形づくられよう、そしてそれらのなかに誰もいない」は意味不明。死海写本（11QPs[a]）も意味不鮮明。

〈17節〉

七十人訳「私にはあなたの友らがとても尊く、神よ、彼らの指導者たちはとても力強かった」。

〈18節〉

目覚めても。死海写本（11QPs[a]）「私が終わっても」。

〈19節〉

以下22節まで、神ヤハウェに背く邪悪な敵たちの滅びを願う。

神よ（エローアハ）。通常、「神」は複数形エロヒーム。エローアハはその単数形。旧約聖書の用例数は五十七。そのうち四十一例がヨブ記に集中。詩篇では他に一八32、五〇22、一一四7。23節「神よ」はエル。

流血の輩たちは……。原文の動詞命令形を未完了形に読み替える（BHS脚注）。

〈20節〉

あなたのことを語り。読み替え「あなたに反抗し」（yamrūkā ← yōʼmᵉrūkā）。

あなたの町々を虚しく取り上げた。「あなたの町々を」には読み替え「あなたに背いて」、アラム語からの解釈「あなたの敵どもによって」などがあり、後者に「み名」を補って「あなたの敵どもがみ名を虚しく口にする」とも訳される（→新改訳）。「虚しく取り上げた」は「虚しく掲げられる」を「虚しく掲げた」と読み替え（nāśᵉʼû ← nāśûʼ）、そのうえで意訳。七十人訳の本節「なぜなら、あなたは（彼らの）思いについて語り、彼らはあなたの町々を取るだろうから」。

〈21節〉

あなたに歯向かう者たちを……。七十人訳「あなたの敵どものゆえに私は溶け出さなかったろうか」。

〈23節〉

不安（サルアッピーム）。セイッピーム「思い乱れ、苛立つ思い」（ヨブ四14、二〇2）の異形。他には詩九四19のみ。七十人訳「わが小道」。

〈24節〉

偶像の道。別訳「労苦の道」。七十人訳「不法の道」。
永遠の道。別訳「いにしえの道」。エレ六16、一八15参照。

構成、主題、背景

詩篇一三九篇は信仰者（「私」）が神への思いをじかに神（「あなた」）に向けて綴った作品であり、神との関わりを印象深く詠いあげる。

全体は六節ずつ、四つの段落に区分できる。第一段落（1―6節）では、神は「私」のすべてを知っていることを、第二段落（7―12節）では、その神から「私」はどこにも逃れられないことを、第三段落（13―18節）では、「私」という存在自体が創造の神の不思議な業であることを、それぞれ神に向かって告白する。第四段落（19―24節）には、神に背く邪悪な敵とは一線を画すこの「私」を知り、「永遠の道」に導いてほしい、との願いが表明される。以下、段落ごとの内容をもう少し詳しく確認してみよう。

第一段落（1―6節）。神ヤハウェは「私」の一挙手一投足のみならず、「私」の思いまでも見通しておられ、そのような神の「知識」は「不思議」であり、自分の理解をこえている、と詠われる。ここには、動詞ヤーダア「知る」が繰り返され（1、2、4、6「知識」〔＝知ること〕）、「不思議」という語に詠い手の思いがこもる。詩篇一〇四篇の詠い手が自然の背後に神のみ業の「不思議」をみたとすれば（24節）、本詩の詠い手は「私」という小さな存在に思いを寄せる神の「不思議」を感じ取っている。

第二段落（7―12節）。そうであればこそ、「私」は「あなた」から逃れることはできない。「あなたの霊」から離れうる場所はなく、「あなた」はあらゆるところに「み顔」を向けられる。詠い手はそのことを当時の世界観をふまえ、「天に上ろうとも」「冥界に床を設けようとも」「海の果てに住もうとも」などと表現する。また、神にとっては闇でさえ暗くはないので、闇に紛れることさえ「私」にはできない、と。

第三段落（13―18節）。神は母の胎で「私」を形づくり、それ以後も、「私」の歩みをしかと見定め、そのすべてを書き留めてくださっている（16節「あなたの書」については、訳注参照）。それほどに神は私に思いをかけてくださる、といった感懐が行間に埋め込まれている。

第四段落（19―24節）。前半で詠い手は「殺す」といった露骨な表現をもって邪悪な者らの滅びを願い、敵への憎悪を迸らせる（19―22節）。もっとも、それは、敵への報復願望というより、悪から遠ざかり、神にならう者でありたい、という信仰者の思いの表明である。そして最後に、冒頭の告白（1節「ヤハウェよ、あなたは私を探り、知っておられる」）を願い（23節「神よ、私を探り、わが心を知ってください」）に変え、「永遠の道に私を導いてください」との祈りを添えて、本詩は閉じられる。「永遠の道」とは、創造の神が永遠の昔に定めた人間の歩みを指す（エレ六16、一八15）。

このような本詩は、全知の神を讃える讃歌、神前の裁判において吟味を受ける信仰者の祈り、無実の信仰者の嘆きなどと、様々に解されてきた。最近では、知恵文学を背景にした、神と信仰者の緊密な関係を「省察」した作品として本詩を理解する傾向が目立つ。

本詩がよく整えられた作品であることは、「私」が「あなた」に語りかける形式上の一貫性、四つの段落間の均整、冒頭1節と末尾23節の呼応関係などにみてとれる。内容的に特筆すべきは、信仰者と神との関係がM・ブーバーのいう「我と汝」としてとらえられていることである。

本詩成立の背景は明らかではないが、第二神殿時代、神殿祭儀とは一定の距離をおく信仰者たちの間で詠い継がれたものであったろう。表現においては、エレミヤ書やヨブ記をふまえているようにみえる（注二）。

思想と信仰

神は私の一挙手一投足のみならず、私の心の奥底までも知っておられる。であればこそ、私は神の前におのれを隠すことも、神から逃れることもできない。本詩の詠い手である信仰者はそうした思いを神に向かって表白する。ここには神との関係が内なる対話のかたちで語り出され、神信仰が信仰者の内面の消息として言い表されている。

人が神をおのれの意思や欲求をかなえる手段とみなしている限りは、神との対話は起こらない。神を自分の意思をこえた人格的存在として信じるときに、人は神を心で受けとめる。神信仰は内面化され、祈りは神との内なる対話となるだろう。本詩は神信仰のもつ、そうした側面をよく表している。

古代イスラエルにおいて、人間の内面に視座を据えて神との関わりを洞察した最初の預言者はホセアであった。イスラエルの民が物質的な豊かさに憧れ、バアル神信仰に傾いてゆくのは、彼らが「淫行の霊」に惑わされ（ホセ四12、五4）、本来の「心」が麻痺してしまっているからだ（ホセ七2、14他）、とホセアの眼には映ったのである。と同時に彼は、この民を「愛した」神ヤハウェの「心」がふたたび民に向けられ、イスラエルがそれに応えて、内面から回復される時代の到来を望んだのであった（ホセ二16、一一8）。

こうした内面への眼差しを引き継ぎ、これをさらに深めたのはエレミヤである。エレミヤにとって、ヤハウェは人の心と思いを吟味する神（エレ一一20、一七10他）、民の罪は「心の悪」（エレ四14）、神への背きは「心の背き」にほかならなかった（エレ一七5他）。「心は何ものにもまさって偽るもの、そして病むもの」（エレ一七9）という言葉を残した彼は、人間の内面の醜悪さを覗き見てしまった預言者でもあったろう。であればこそ、民の誰しもがそれぞれの「心」において神ヤハウェと結びつく「新しい契約」の時代をエレミヤは将来に思い描いたのである（エレ三一31―33）。

このような信仰の内面化には、ほとんど必然的に、二つの側面が伴うことになる。その一つは信仰の個人化であり、もう一つは信仰の非祭儀化である。信仰者と神との内なる交わりは、個人的かつ直接的であるがゆえに、天的存在であれ、人的存在であれ、いかなる仲立ちも必要とされない。また、いかなる祭儀もそこに介在させる必要がない（注二）。そうした信仰の系譜に本詩は属しているようにみえる。

注

（一）エレミヤ書については2、7、16、24節の訳注を、ヨブ記との関連は13、16、19節の訳注を参照されたい。

（二）信仰を内面から見据えたエレミヤはそのことを承知していたようにみえる。たとえば、個人化については エレ三一34を、非祭儀化についてはエレ七22などを参照。

第140篇
邪悪な者の欲望を許さず

1 指揮者に、ダビデの歌。

2 私を助け出してください、ヤハウェ、悪しき人間から、
暴虐の人から、あなたが私を見守ってくださるように。

3 彼らは心で災いをたくらみ、
終日、戦いをけしかけます。

4 彼らは蛇のように舌を研ぎます、
その唇の下には蝮の毒があって。　セラ

5 私をお守りください、ヤハウェ、邪悪な者の手から、
暴虐の人から、あなたが私を見守ってくださるように。
彼らはわが歩みを突き崩そうとたくらみました。
6 傲岸な者たちは私に網と綱を隠し、
道の傍らに仕掛け網を広げ、
私に数々の罠を仕掛けました。　セラ
7 私はヤハウェに言ったのです、
あなたはわが神、わが嘆願の声に、
ヤハウェよ、耳を傾けてください、と。
8 ヤハウェよ、主よ、わが救いの力よ、
闘いの日にわが頭《こうべ》を庇護してください。
9 ヤハウェよ、邪悪な者の欲望を許さないでください、
その企てを実現させて、彼らを高ぶらせることなく。　セラ
10 私を取り囲む者たちの頭《こうべ》を、

自らの唇の災いが覆うがよい。
11 燃える炭火が彼らのうえに注がれるがよい、
彼らは穴に落ちて、立ち上がれないように。
12 舌の人は地に固く据えられることがなく、
暴虐の人を災いが檻へと捕らえるがよい。
13 私は知っている、
ヤハウェは苦しむ者のために裁きを、
貧しい者たちに公正を行われる、と。
14 まことに、義人たちはあなたのみ名を讃え、
正しい者たちはあなたのみ前に住みましょう。

訳注

〈2節〉

暴虐の人（イーシュ・ハマスィーム）。5、12節。詩一八49（//サム下二二49）、箴三31、一六29などにも。本節と5節およびサム下二二49では「暴虐」は複数ハマスィーム、12節では単数ハマース。ハマース「暴虐」は、多くの場合、搾取や抑圧といった社会的暴力を指す。ミカ六12、エレ二二3、詩七二12―14

など参照。七十人訳はアディコス「不正な」。

〈3節〉

災いをたくらむ。詩三五4、四一8などに同一表現。ラオート「災い」は1節「悪しき人間」のラア「悪しき（こと）」の複数形。七十人訳「不正」。

〈4節〉

本節二行目はロマ三13に引用。

舌を研ぐ。言葉による暴力を示唆。詩六四4他。

蝮の毒。詩五八5参照。アクシューブ「蝮」は旧約聖書中ここだけに用いられる語なので、蛇の種類は特定できない。

セラ。詩三3の訳注参照。詩篇の最初の三巻（一―四一篇、四二―七二篇、七三―八九篇）に六十八回用いられるが、第四巻（九〇―一〇六篇）には出ない。第五巻（一〇七―一五〇篇）では本詩と一四三6に四回。本詩の場合、セラが段落の区切りと重なる。

〈5節〉

暴虐の人。2節の訳注参照。七十人訳「不義の人」。

〈6節〉

七十人訳の本節は「高ぶる者たちは私に対して罠を隠し、綱を広げた、わが足もとに罠を。歩みの近くには私に対して躓きをおいた」。

網、綱、仕掛け網、罠（パハ、ヘベル、レシェト、モーケシュ）。鳥や動物を捕らえる道具が人を陥れる策略の比喩とされる。詩九16、一八6、六四6、一一九61他。言葉による「罠」は箴一二13他。

〈8節〉

救いの力。別訳「救いの砦」。

闘いの日。ネシェク「闘い」の原意は「武器」。2節のミルハモート「戦い」同様、「言葉の闘い」を指す。つまりヤハウェの前での「裁きの日」。

〈9節〉

七十人訳の本節「わが要求にしたがって、主よ、私を罪人に渡さないでください。彼らは私に対して企てを巡らせます。私を見棄てないでください、彼らが高ぶらないように」。

〈10節〉

七十人訳の本節「彼らの囲みの頂点（＝頭）が、彼らの唇の（もたらす）苦難が彼ら自身を襲うだろう」。

自らの唇の災いが覆うがよい。ケレー。ケティブは「彼らが唇の災いをもってそれを覆うように」。

〈11節〉

七十人訳の本節「彼らのうえに炭火が落ち、あなたが彼らを火に投げ込み、彼らが苦悶のなかで立ち上がることのないように」。

燃える炭火が……注がれるがよい。ケティブによる。ケレーは「彼らは燃える炭火を自分たちに落とすがよい」。「燃える炭火」の直訳は「火のなかにある炭火」。箴二五22（↓ロマ一二20）は「炭火」。

彼らは穴に落ちて。原文「かれ（＝ヤハウェ？）が彼らを穴に倒し」。マハモラー「穴」は旧約聖書中ここだけ。他には続編シラ書一二16のヘブライ語版。内容的には詩七16、五七7など参照。

〈12節〉

七十人訳の本節「舌の男は地にて繁栄することなく、不義の男を災いが破滅へと捕らえよう」。

檻へと。マドヘフォートを「檻」と訳したのは同語根動詞ダーハフ「追いつめる」からの推定。新改訳「急いで」。なお、ダーハフはエス三15、シラ三六12（ヘブライ語版）など、後代の文書にしか出ない動詞である。

舌の人（イーシュ・ラショーン）。ヘブライ語聖書ではここだけに出る表現。続編のシラ書八3、九18などに引き継がれる（新共同訳「口数の多い者」）。七十人訳「べらべら喋る人」（グロッソーデース←グロッサ「舌」）。

〈14節〉

み前に住む。別訳「み顔と共に座す」。ヘブライ語では「住む」と「座す」は同一動詞。

構成、主題、背景

詩篇一三八篇から一四五篇までの八点は、表詞に「ダビデ」が付されるところから、「ダビデの小詩集」と呼ばれる。その詩集の中央に、敵に攻撃された信仰者が神ヤハウェに救いを求める祈り四点（一四〇―一四三篇）が配置される。本詩はその最初の作品である。八九篇49節を最後に用いられることのなかった「セラ」が本詩4、6、9節に登場し、それらが本詩前半の段落の区切りと重なる。

本詩において、詠い手は彼を攻撃する敵を「悪しき人間」（2節）、「暴虐の人」（2、5、12節）、「邪悪な者」（5、9節）、「傲岸な者たち」（6節）、「舌の人」（12節）などと呼ぶ。そのなかで、「暴虐の人」を三回繰り返し、12節ではそれを「舌の人」と言い換えていることが注目されるだろう。ハマース「暴虐」は、多くの場合、社会的に力のある者たちが弱者を搾取・抑圧することを含意する（2節訳注参照）。「舌の人」とは、「舌を研ぐ」「唇の下に蝮の毒」（4節）「唇の災い」（10節）といった表現からみて、攻撃的な言辞を吐く者、つまり言葉で暴力をふるう者を指すだろう。その攻撃は「災いをたくらむ」「戦いをけしかける」（3節）、「罠を仕掛ける」（6節）などと表現されるが、これらも言葉を武器にした攻撃であったろう（詩一二5他）。これらを要するに、本詩は不当な告発によって苦しい立場に立たされた信仰者がヤハウェの前で正しい「裁き」（13節）を願う祈りとして編まれたものと思われる（「ヤハウェの裁判」を求める祈りについては五篇の解説参照）。

詠い手は、はじめの二段落（2—4節、5—6節）において、ヤハウェに加護を懇願し、敵の攻撃を訴える。この二段落は、二行目が同文であるだけでなく、構成が同一である（最初の二行が懇願、後の四行が敵の攻撃を描写）。加えて、最初の二行からなる懇願部分には、いずれも、交差配列法と呼ばれる修辞法が用いられている。すなわち、一行目では動詞句（「…してください」）に前置詞句（「…から」）が続き、二行目では逆に前置詞句（「…から」）に動詞句（「…してくださるように」）が続く。敵の攻撃は「蝮の毒」のある言葉による（3—4節）。6節ではそれが様々に仕掛けられた「罠」とみなされる。

第三段落（7―9節）で詠い手は、「わが嘆願の声」に耳を傾けてほしい、敵の企てを実現させないでほしい、と願う。加護を願う詠い手の祈りを聞き届け、敵に思いのままを許さないでほしいとは、かねてからの懇願であったが（7節「私はヤハウェに言った」）、詠い手はその懇願をあらためて表明したのである。「闘いの日」とは、神殿にて裁定を仰ぐ「ヤハウェの裁判」の日を念頭においた表現であったろう。

第四段落（10―12節）には、敵への呪いの言葉が連ねられる。「唇の災い」（10節）は「唇の下には蝮の毒」（4節）を、「舌の人」（12節）は「舌を研ぐ」（4節）を受けている。また「穴に落ちて」（11節）も「罠を仕掛け」（6節）などをふまえていよう。要するに詠い手は、敵が自らたくらんだ「災い」や「罠」によって自滅することを念じている（詩七17）。その点は、続く一四一篇にもそのまま引き継がれてゆく（9―10節）。

最後に詠い手は神ヤハウェへの信頼を表明し（13節）、讃美の言葉を添えて（14節）、本詩を締めくくる。「あなた」は「苦しむ者」「貧しい者」のために公正な「裁き」を行われる神であり、それゆえ「義人たち」「正しい者たち」に讃えられ、慕われる、と。「苦しむ者」「貧しい者」が「義人」「正しい者」と同義的に用いられるのは、ヤハウェが前者に義と正しさを認め、これを救う神だからである（詩一二6、三七14―19他参照）。

本詩は、すでに述べたように、不当な告発を受けた信仰者がヤハウェの「正しい裁き」を求める祈りとして編まれたのであろう。しかし、その成立時代については、比較的後代である（マドヘフォート「檻」の同語根動詞ダーハフはペルシア時代以降の文書にしか現れない）ということ以外に、詳細はわからない。このような詩篇の古代西アジア的背景については、詩篇七篇の「思想と信仰」を参照されたい。

思想と信仰

古代西アジアは人類史において最も早く法が整備された社会であった。『ウルナンマ法典』は、かの有名な『ハンムラビ法典』（前一七四〇年頃）より数世紀遡り、『リピト・イシュタル法典』も『ハンムラビ法典』より一世紀ほど前に成立している。ハンムラビとほぼ同時代には『エシュヌンナ法典』が発布された。すでにシュメル語の裁判記録も残されている。これを逆にいえば、当時すでに、讒言による不当な裁判も起こりえたということである。

じじつ、そうした事態を想定した『ハンムラビ法典』は、全二八二条の最初の第一条に次のような条文を掲げている。「もし、人（＝市民）が人を訴追し、殺人の嫌疑をかけても、彼（の行為）を確証できなければ、訴追した者は死刑に処せられる」。続く第二条も裁判に関連し、第三条と第四条には、裁判における偽証者への処罰が定められる。旧約聖書もまた、十戒の第九戒「隣人に関して偽証をしてはならない」をはじめとして、不当な裁判を繰り返し禁じている（出二〇16、二三1―3、6―8）。犯罪者を死刑に処するような案件には、「二人ないし三人の証人」が必要とされ、それが不法な証言でないかどうかを確かめ、偽証が判明した場合、偽証による企みは、応報処罰がそのまま証人に返されねばならない、と申命記法に定められた（申一七6、一九18）。本詩10―12節の呪いの言葉はこの申命記法と同じ応報観念をふまえているだろう。

このような歪んだ裁判の具体例として、旧約聖書は「ナボト事件」を伝えている（王上二一1―16）。ナボトは北イスラエルの王アハブが求めた葡萄畑について、それが「嗣業の地」であったがゆえに、譲渡することを拒んだ。それを知った王妃イゼベルは、王アハブの名でエズレルの町の長老たちに手紙を送りつけ、二人の人物に「ナボトは神と王を呪った」と証言させることによって、ナボトを死刑に処するように命じた。はたして、ナボトはエズレルの町の裁判で死刑を宣告され、処刑されてしまう。法廷とは名ばかりで、そこには「罠」が張りめぐらされ、証人の偽りの舌には「蝮の毒」が盛られていた。

この逸話自体は、王アハブと王妃イゼベルの「罪」に関心を集中し、その「罪」をアハブ王家が滅亡する物語へとつなげてゆく。それゆえ、不当な裁判の場に立たされたナボトの抗議行動も嘆きの声も記されない。仮に、彼が声をあげえたとすれば、それは本詩のような神ヤハウェへの祈りの他にはなかったろう。だが、その場合、彼を「取り囲む者たち」への呪詛は発せられても、最後の二節にみられるような信頼の言葉はありえなかったにちがいない。北イスラエルにおいては、地方都市における判決を不当とし、神ヤハウェの「裁き」に訴える制度が保証されていなかったからである。

それに対して、南のユダ王国では事情が異なっていた。少なくとも申命記および申命記史書によれば、不当な裁判はヤハウェに、具体的にはエルサレム神殿に、上告できたからである。「じつに裁判は神に属する。案件があなたがたにとって難しすぎるなら、わたし（＝神）のもとにそれを携えて来なければならない。わたしはそれを聞くであろう」（申一17。他に申一七8―13、王上八31なども参照）。本詩13節の「ヤハウェは苦しむ者のために裁きを、貧しい者たちに公正を行われる」との言葉は、具体的には、「ヤハウェの前」で行われるそうした裁判を念頭におくだろう。その判決はレビ人祭司と裁判官によって告げられた（申一七9）。

第141篇 わが祈りをみ前の薫香として

1　ダビデの歌。
ヤハウェよ、私はあなたに呼ばわりました。
わがためにすぐにも来てください。
わが声に耳を傾けてください、
私があなたに呼びかけるときに。
2　わが祈りが届きますように、
み前の薫香として、

わが両掌をかかげることが、
夕べの献物として。
3 据えてください、ヤハウェ、
わが口には見張りを、
わが唇の戸には見守りを。
4 わが心を悪事に差し向けないでください、
害悪をおよぼす男たちと一緒になって、
邪悪な行為にふけることがないように、
彼らの好物を私が口にすることもなく。
5 義人が私を慈愛で鍛え、戒めてくれるように、
頭に注ぐ油をわが頭が拒むことのないように、
じつに、わが祈りがなおも彼らの悪にあって。
6 彼らの裁き人たちが岩の手に崩れ落ちたなら、
彼らはわが言葉を喜ばしく聞くことになろう。
7 地を掘り起こし、畝を作る者がするように、

われらの骨は冥界の入口に撒き散らされた。
8 じつに、主ヤハウェ、あなたにわが眼は注がれ、
あなたのみもとに私は身を避けました、
わが魂を裸に晒さないでください。
9 仕掛けられた網から私をお守りください、
害悪をおよぼす者たちの罠の数々から。
10 邪悪な者たちは、私が通り過ぎるまでに、
自らの仕掛け網に落ちてしまうように。

訳注

〈1節〉

わがためにすぐにも……。詩七〇6に同一表現。詩三八23、四〇14、七〇2他では「すぐにも私を助けに来てください」。七十人訳「私に聞き入ってください」。

わが声に。七十人訳「わが嘆願の声に」。

〈2節〉

届きますように。直訳「固く立ちますように」。祈りが聞き入れられるように、との意。七十人訳「ま

っすぐであれ」。

薫香（ケトーレト）。「薫香」は香料を焚いて香りの煙をくゆらすこと。エルサレム神殿において朝夕の献物の際に焚かれた（出三〇7―9、代下一三11他）。イザ一13にも「薫香」と「献物」が対になって言及される。

両掌をかかげる。手のひらをかかげて神に示す祈りの姿勢。詩六三5他。「手をかかげる」（詩一〇六26他）に同じ。

夕べの献物。モーセの律法は日ごとに供える朝夕の献物を定める（出二九41、民二八8など）。エズ九5は、エズラが「夕べの献物」の折に「両掌」を広げて祈った、と伝える。ダニ九20―21も参照。

〈3節〉

わが口には見張りを。言葉で罪を犯さないために。詩三四14、三九2など参照。「口に見張りを」といった表現は続編シラ書二二27に通ずる。

わが唇の戸。「戸」と訳したダルはデレト「戸」の特殊な語形。ダルは社会的に弱い立場におかれた人を指す語でもある。七十人訳「わが唇には鎧戸を」。

〈4節〉

悪事（ダバール・ラア）。別訳「悪言」。ダバールは「言葉」でも「こと」でもありうる。

害悪をおよぼす男たち。別訳「悪事をはたらく男たち」。詩五6、六9他。「男たち」は通常のアナシームでなく、イシームという特殊な語形。旧約聖書中、他にはイザ五三3、箴八4のみ。

邪悪な行為。七十人訳「罪のなかで行う口実／偽装」。

彼らの好物。豚肉など、律法で禁じられた食物か。七十人訳「彼らの選り好みに加担することのないように」。

〈**5節**〉

義人が慈愛をもって私を鍛え。私を慈愛溢れるツァディーク「義人」にしてほしい、との願いであろう。神ヤハウェもツァディーク「義しい方」と呼ばれるので（詩七10、一一7他）、「義人」をヤハウェとみる意見もあるが（Brueggemann/W. Bellinger, Jr., *Psalms*, p. 590）、その場合、原文にない冠詞が必要。「鍛え」は「打ちたたく」が原意。当時の教育には鞭が使われていた（箴一三24、二三13―14）。七十人訳「教え」。本節はじめの二行の読み替え提案に「義人が私を鍛え、信実な者が私を戒めてくれますように」（BHS脚注）。

頭に注ぐ油。直訳「頭の油」。別訳「最上（＝頭）の油」。七十人訳「邪悪な者の油はわが頭を浸すな」。ここに前提にされる「頭に油を注ぐ」行為は、王の即位式でのそれではなく、詩二三5、一三三2などと同じく、歓待を表す。

わが祈りがなおも彼らの悪にあって。「彼ら」は4節「害悪をおよぼす男たち」。「彼らの悪にあって」とは「彼らの悪事に対抗して」とも「彼らの悪にもかかわらず（彼らのために祈った）」とも読める。七十人訳「わが祈りが彼らの喜びのなかにあるように（＝彼らの喜びとなるように）」。

〈**6節**〉

七十人訳の本節「彼らの裁き人たちは岩の横に飲み込まれた。彼らは楽しんだのだから、わが言葉を聞くであろう」。

彼らの裁き人たち。ここに「尊厳の複数」をみて、「裁き人たち」を神ヤハウェ（＝主）と解する見解がある。関根正雄訳「彼らは審き主の手に陥る時」、「彼らが岩の、彼らの裁き主の、手に陥るとき」（Allen, *Psalms 101-150*, 340）など。だが、「裁き人」の複数形が神に用いられる事例は他にない。

岩の手に崩れ落ちる。「岩」は、詩一八3、三一4他にみられるように、神ヤハウェの比喩的表現か。「手」は「側、傍ら」とも。ニシュメトゥー「崩れ落ちる」（語根 ŠMṬ）はショフェテーヘム「彼らの裁き人たち」（語根 ŠPṬ）と語呂合わせ。

わが言葉を喜ばしく。原文「わが言葉（複数）を、それらが喜ばしい、と」。

〈7節〉

本節は解釈の難しい節。

地を掘り起こし、畝を作る者。「畝をつくる」は「裂き分ける」が原意。七十人訳「厚い土塊が地上で割れるように」。

われらの骨は冥界の口に。死海写本（11QPs^{a}）「わが骨は」。古代訳に「彼らの骨は」。「冥界の口」についてはイザ五14参照。「骨を撒き散らす」という表現は詩五三6にも出る。

〈8節〉

わが眼は注がれ。「注がれ」は翻訳上の補い。

みもとに身を避ける。ハーサー「身を避ける」は、名詞形マフセー「避け所」まで含めると、詩篇に三十七例。詩二12「身を避ける人たち」の訳注参照。七十人訳は「ヤハウェのもとに身を避ける」を一貫して「主に望みを抱く」と訳す。

わが魂を裸に晒さないでください。エーラー「裸に晒す」とは危険に晒すこと。詩一三七7「暴く」に同じ。七十人訳「わが魂を取り除かないでください」。

〈9節〉

網から。直訳「網の手から」。

罠の数々から。詩一四〇5―6参照。

〈10節〉

自らの仕掛け網に。原文「彼の仕掛け網」を「彼らの仕掛け網」と読み替える。罠を仕掛ける者は自らがその罠に陥る。詩七16、九16、三五8、五七7、五九13、箴二六27、コヘ一〇8など参照。

構成、主題、背景

本詩は先行する一四〇篇に続く個人の祈りの詩篇である。全体は、第一段落（1―2節）、第二段落（3―4節）、第三段落（5―7節）、第四段落（8―10節）と四つの段落に区分できる。このうち第三段落には、神ヤハウェへの呼びかけも言及もないが、そのほかは、いずれも、はじめに神ヤハウェへの呼びかけと祈願文がおかれる。

祈り手は、9—10節によれば、先行する詩篇の場合と同じく（詩一四〇6）、敵対する者たちが仕掛けた「罠」に陥れられようとしている。だが、本詩の祈り手はその罠からの解放と彼らの自滅を願いはしても、「罠」が表す事態を具体的に示さない。なかでも5—7節は本文自体が難しく、文脈上の意味の確定を容易に許さない。それゆえ、本詩の背景については、じつに様々な想定が試みられてきたが（注二）、それらの検証は他にゆずり、以下、まずは段落ごとに内容を追ってみよう。

第一段落（1—2節）は、「わが声に耳を傾け」「わが祈り」を聞き届けてほしい、との願いである。そうした願いは個人の祈り（嘆き）に多用される一定型である。本詩はそのような祈りを「み前の薫香」また「夕べの献物」になぞらえる。そこに本詩の特色を認めうる（「思想と信仰」参照）。

第二段落（3—4節）は、祈り手自身が罪に染まることのないように、という願いの表明。言葉による罪を犯すことがないように、「口に見張りを」「唇の戸に見守りを」据えてほしい（3節）、「害悪をおよぼす男たちと一緒になって」悪を犯すことのないように、心を「悪事」に差し向けないでほしい（4節）、とヤハウェに願う。ここには知恵文学的な語彙が目立つ（「口に見張り」「心を差し向ける」など）。4節「彼らの好物」とは、比喩でなければ、律法に禁止された食物を指すだろう。

第三段落（5—7節）は、各節とも本文が難しく、文脈上の理解も容易でないために、解釈は一定しない。

5節。はじめの二行は、「義人」が「私を慈愛で鍛え、戒めてくれるように」、「わが頭」が「頭に注ぐ油」を拒むことのないように、と詠う。前段（3—4節）を受け、自らが罪に陥ることのないように、との願いである。「鍛える」「戒める」といった語彙は知恵文学的。また、「頭に注ぐ油」を拒まないとは、神ヤハウェの民に「義人」として受け入れられること。三行目「わが祈りはなおも彼らの悪にあって」は、一方で、祈りをもって「彼ら」すなわち「害悪をおよぼす男たち」（4節）の悪に対抗する、という祈り手の決意とみうるが、他方、それとは逆に、「彼ら」の悪行にもかかわらず、祈り手は彼らのためになおも「とりなしの祈り」を絶やさない、と解することも可能である（そうした理解の萌芽は七十人訳に認めうる、訳注参照）。とりなしの祈りはヨブ記四二章8節にみることができる。詩篇（三五12、三八21他）にもそうした祈りが想定されてきた。

6節。一行目は、邪悪な者たちを従える首謀者たち（「裁き人たち」）が神ヤハウェの審判を受け、挫折する（「岩の傍らに崩れ落ちる」）ことを予告しているように読める。その場合、二行目「喜ばしいわが声」は彼らの挫折を喜ぶ祈り手の声と解されよう。だが、もう一方で、「岩」を神ヤハウェの比喩とみれば（訳注参照）、邪悪な者たちがヤハウェのもとへ立ち帰り、その前に跪くことを祈り手は念じている、と一行目を解することもできる。その場合、二行目は、ヤハウェの前に跪く邪悪な者たちも祈り手に耳を傾けてくれよう、といった期待の表明となるだろう。

7節。本節も、二行目「われらの骨は冥界の入口に撒き散らされた」の「われら」をどうみるかによって、理解は真逆になる。これを祈り手自身の発言とみれば、ここまで表明してきた期待や願いにもかかわらず、絶望的な情況は変わらないことを祈り手は嘆き訴えていることになる。古くは、「われらの骨」を「わが骨」と伝える死海写本がその方向で理解した。それに対して、これを「彼ら」すなわち「害悪をおよぼす男たち」の発言の引用とみれば、滅亡に瀕しているのは「彼ら」のほうである。このような理解も古く、「われらの骨」を「彼らの骨」と伝える古代訳（ギリシア語訳の一部、ペシッタなど）にそれが示されている。

このようにみると、5―7節に正確な理解を期待することは、ほとんど絶望的である。したがって、この段落に関する最終結論は保留し、ここには罪にまみれまいとする祈り手の決意が表明され（5節）、「邪悪な行為にふける」者たちの何らかの結末が見通されているらしい（6―7節）、という二点を確認するにとどめよう。

第四段落（8―10節）では、祈り手はふたたびヤハウェに向かって、自らの加護を祈り、「害悪をおよぼす者たち」が「自らの仕掛け網」に陥ることを願って、本詩を締めくくる。「みもとに身を避ける」（8節）という表現は個人の祈りに多用され、その背後に無実の者を保護する神殿の機能が想定されてきた（詩二12の訳注参照）。策略を講ずる者たちは自ら仕掛けた罠に陥るがよい、といった10節の表現も個人の祈りに繰り返される（用例個所は訳注に掲載）。

本詩は、このように、解釈困難な部分を含むけれども、全体は、邪悪な者たちからの加護を神ヤハウェに願う信仰者の祈りである。先行する一四〇篇との間には共通語彙が少なくないが（注二）、本詩の「私」に一四〇篇の「私」と同じような不当な告発を受けている形跡は見当たらない。本詩の祈り手は、邪悪な者たちが仕掛ける「罠」からの加護を神ヤハウェに求め、自らが悪に手を染めることのないように、との願いを表明するにとどめ、その「罠」が具体的にいかなる事態を指しているのか、詳らかにはしない。したがって、本詩の祈り手のおかれた情況について、詳細はわからない。ただ、1節の慣用的懇願文や8節「みもとに身を避ける」といった定型句から、本詩はエルサレム神殿で捧げられた祈りであったとみられよう。「夕べの献物」（2節）の時刻に合わせて捧げられたのかもしれない。本詩に知恵文学的表現が散見することは、本詩の成立が第二神殿時代であることを示している。

思想と信仰

詩篇の四分の一以上を占める個人の祈りのなかで、本詩にのみ際だつ特色を見出すのは容易でない。それでも、解釈の分かれる5―7節を度外視したうえで、あえて本誌の特色をつかみ出そうとすれば、本詩が祈りを「薫香」また「夕べの献物」になぞらえたこと（2節）、悪に染まらぬようにと、祈り手自身が神に願ったこと（3―4節、5節）、この二点になろうか。

まず、「薫香」と「夕べの献物」からみてゆこう。祈りを「み前の薫香」「夕べの献物」になぞらえたことの背後に、祈りは神殿祭儀に代わりうる、という思想を読み取ったのはA・ワイザーである（注三）。たとい、エルサレム神殿の朝夕の祭儀に参列できなくとも、神に向けて心から発する祈りは、「薫香」や「夕べの献物」にも等しい。ここにワイザーは「神への供犠は砕かれた霊」（詩五一19）などに通ずる宗教の非祭儀化、祈りを介した信仰の内面化を読み取った。預言者の祭儀批判に端を発する信仰の内面化の流れは、第二神殿時代、神殿供犠の可否にまで影響を及ぼすことはなかったが、神殿祭儀から解き放たれた信仰のあり方は様々に模索され、祭儀よりも大切なものに眼が向けられた。それはほかの詩篇にもうかがわれる（たとえば詩四〇7、六九31―32節など）。

ところが、最近の注解書の多くはこのような理解に批判的である。「夕べの献物」としての祈りは非祭儀化を志向しているのではない。エズラが「夕べの献物」の折に「両掌」を広げて祈ったように（エズ九5）、本詩もまた、神殿で薫香をくゆらせ、夕べの献物を献げる時刻に、「両掌をかかげて」捧げた祈りであった、と結論づける。ダニエルもまた「夕べの献物の時に」祈りを捧げたと伝えられる（ダニ九20―21）。

「薫香」と「夕べの献物」をめぐるこれら二様の解釈のどちらを採るべきか、判断は難しい。しかし、本詩がもともとエルサレム神殿で詠われた祈りであったとすれば、祈り手はこの祈りを神殿祭儀に代えて捧げたというより、これを夕べに献げられる「薫香」と「献物」に重ねたのであろう。その点に「献物という古くからの慣習の精神化」（Kraus, BK XI/2, S. 1109）が読み取れよう。

悪に染まらぬように、という祈り手自身の願いについて。敵に苦しめられる個人の祈り（嘆き）は、神を恐れようとしない邪悪な敵を訴え、祈り手の無実潔白を主張するのがふつうである。ところが、本詩の場合、言葉において罪を犯さず、心を悪事に向けず、邪悪な行為にふけることのないようにしていただきたい、と祈り手はヤハウェに願う。

このような発言を促したのは、自らが罪を犯しかねない存在であり、悪を遠ざける力は自分のうちにない、との祈り手自身の自覚である。祈り手はかつて悪事に溺れる者たちの間に身をおいていた、といった想像は行き過ぎであるとしても（注四）、「わが心を悪事に差し向けないでください」（4節）との祈りは、祈り手が心に悪の誘惑を感じ取り、自分のうちにある悪へと傾斜する性向に気づいていたことを示している。本詩の祈り手は、しかし、詩篇五一篇の詩人のように、それを自分のうちに巣食う「罪」として認識するにはいたらなかった。彼にとって肝心なことは、自分が神のもとにあって、悪からも悪に対しても防備され、「邪悪な者たち」から隔てられた「義人」の一人として認められることだったからである。

注

（一）極端な見解には、3節ダル「戸」や4節イシーム「男たち」といった語形がフェニキア語に見られることから、本詩の祈り手はフェニキア人の異教祭儀を拒絶したために裁きの場に立たされている（Dahood）、本詩はエドムと戦闘を繰り広げる王の詩篇であり、6―7節で王は犠牲になった民を悼みつつ、敵の指導者たちの滅亡を願っている（Eaton）、といった想定が含まれる（apud Allen, *Psalms 101-150*, pp. 341f.）。これらは本詩のごく一部の独自の解釈を全篇に拡大した見解である。

（二）「わが（嘆願の）声に耳を傾けてください」（1節と一四〇7）、「私をお守りください」（9節と一四〇5）、「唇」（3節と一四〇4、10）、「わが頭」（5節と一四〇8）、「網、罠、仕掛け網」（9節と一四〇6）、「邪悪な者」（10節と一四〇5、9）、など。

（三）A・ヴァイザー（大友陽子訳）『ATD旧約聖書注解（14）詩篇九〇―一五〇篇』（ATD・NTD

聖書注解刊行会、一九八七年［原著初版一九五〇年］）、三〇九頁。

（四）このような想像はL. C. Allen, *Psalms 101-150*, p. 344; W. Brueggemann / W. H. Bellinger, Jr., *Psalms*, p. 590など。

第142篇 わが魂を牢獄から解き放ち

1　ダビデのマスキール、彼が洞窟にいたときに。祈り。
2　声を上げて、ヤハウェに向かって私は叫ぶ、
声を上げて、ヤハウェに恵みを乞い求める。
3　私はみ前にわが悲嘆を注ぎ出し、
打ち明ける、み前にわが苦難を。
4　わが霊がわが上で衰えるときも、

あなたはわが道筋をご存じです。
私の進み行こうとする道で
彼らは私に網を仕掛けました。
5 わが右を見つめて、ご覧ください、
私には配慮してくれる者もいません。
逃れ場は私から失せてしまいました。
わが魂を顧みてくれる者もいません。
6 私は、ヤハウェ、あなたに叫んで言いました、
あなたこそはわが避け所、
生ける者の地におけるわが割り当て、と。
7 どうか、わが叫びに聞き入ってください、
じつに、私はひどく衰えてしまいました。
追い迫る者たちから私を救い出してください、
彼らが私よりどんなに強くあろうとも。
8 わが魂を牢獄から解き放ってください、

あなたのみ名を讃えるためにです。
じつに、義人たちが私を囲むでしょう、
あなたが私に報いてくださるときには。

訳注

〈1節〉
マスキール。詩三二、四二篇をはじめ、詩篇の表詞に十二回用いられる語。ヒスキール「理解する、洞察する、聡明にする」の分詞形なので、「教訓詩」などと解しうるが、この語が表詞に用いられる作品は必ずしも教訓詩とは限らないので、詳細は不明。
彼が洞窟にいたとき。詩五七篇の表詞も同じ情況を指す。ダビデがサウルの追跡を逃れて洞窟にいた、との記事はサム上二二1―2（「アドラムの洞窟」）と同二四1―23（エン・ゲディの「洞窟」）。後者では、洞窟内でサウルを撃つ機会を得たダビデであったが、サウルに手を出さなかったので、両者の間に一時的な和解が成立した、という。
祈り（テフィラー）。この語が付される表詞は詩一七、八六、九〇、一〇二の各篇にみられる。
〈2節〉
ヤハウェに向かって私は叫ぶ。2―3節はヤハウェへの呼びかけを、動詞の現在形を用いた平叙文で詠う。こうした導入は詩七七篇にも。七十人訳は本節の動詞に完了形とアオリスト（過去時制）を充てる（詩七七2でもアオリスト）。ザーアク「叫ぶ」はエジプトあるいはカナンにおける「イスラエルの子ら」の「叫び」（出二23、十三9他）を想起させる。

〈3節〉

悲嘆を注ぎ出す。詩一〇二1にも。七十人訳は「悲嘆」にデエーシス「懇願」を充てる。なお、本節一行目は動詞に目的語が続き、二行目は逆に目的語に動詞が続く。交差配列と呼ばれる修辞法である。

〈4節〉

わが霊が衰える。生きる活力が失われること。ルーアハ「霊」は「魂（＝生命）」を生かす力。詩七七4に同様の表現。一〇七5も参照。「わが霊」によって人間がおのれの存在を表す用例はヨブ記に目立ち（六4、七11、九18他）、詩篇では三一6、七七4、7、一四三4、7。

私の進み行こうとする道。七十人訳「私が歩んできた道」。

網を仕掛ける。パハ「網」は罠の一種。ターマン「仕掛ける」は「隠す」とも訳せる動詞。エレ一八22、詩一四〇6に似た表現。一四一9も参照。

〈5節〉

わが右を見つめて、ご覧ください。「わが」は翻訳上の補い。「右」は支持・支援の側。詩一六8、七三23、一〇九31、一一〇5など参照。祈り手は自分の右に立って支えてくれる者がいない、と訴える。七十人訳「私が右に注意を向け、眼をやると」。死海写本（11QPs[a]）も同様。

逃れ場は失せた。エレ二五35、ヨブ一一20などに同一表現。

〈6節〉

避け所（マフセー）。動詞ハーサー「身を避ける」からの派生名詞。詩一四6をはじめ、詩篇に十二例。七十人訳はこれにエルピス「希望」を充てる。

割り当て（ヘレク）。元来、ナハラー「嗣業の地」と同じく、分与された土地のこと（ヨシュ一五13、一九9他）。しかし、ここではヤハウェこそ「わが割り当て」という。その背景には、「嗣業の地」が与えられなかった祭司やレビ人にとって神ヤハウェがその「嗣業」ないし「割り当て」である、との思想が見て取れる。民一八20、申一〇9、ヨシュ一三30他。詩篇では一六6、七三26。

〈7節〉

一行目は詩一七1と、三行目は詩三一16とほぼ同じ。

わが叫び。リンナー「叫び」はザーアク「叫ぶ」（2、6節）とは別語根。文脈によっては「歓呼」とも（詩三〇6、四二5他）。七十人訳「わが懇願」。詩一七1にほぼ同じ表現。詩六一2も参照。

追い迫る者たちから私を救い出し。詩七2、三一16などに類似表現。

強くあろうとも。別訳「強いからです」。詩一八18参照。

〈8節〉

牢獄（マスゲール）。原意は「閉じ込められる場所」（↑サーガル「閉じる、閉じ込める」）。イザ四二7ではバビロニア捕囚の比喩。ここでは詠い手が立たされている窮地の比喩的表現。それを「牢獄」と表現した点に、自力では自己を解放できない、という祈り手の思いがこもる。詩八八9参照。なお「解き放つ」は「引き出す、導き出す」が原意。

讃える。別訳「感謝する」。七十人訳は「主よ」を加える。

義人たちが私を囲む。神を讃美するために。詩一四〇14参照。「義人たち」とは、この場合、ユダヤ信仰共同体の会衆を指すだろう（詩一一八20）。七十人訳の最後の二行「私を義人たちは待ち望みましょう、あなたが私に報いてくださるまで」。

構成、主題、背景

前篇に続き、本詩も救いを求める個人の祈りであり、「個人の嘆きの詩」と呼ばれる作品群のひとつに数えられる。全体は八節でまとめられ、「ダビデ小詩集」（一三八～一四五篇）のなかに配置された四つの個人の祈り（一四〇～一四三篇）のなかでは最も短い。短いけれども、神への呼びかけ、苦難の嘆き、救いの嘆願、信頼の表明、讃美の約束といった、「個人の嘆きの詩」にみられる重要な要素はほとんど含まれている。

祈り手は神ヤハウェに叫び求め（2節）、彼を襲う苦難と敵の攻撃を嘆き訴える（4―5節）。続いて、ヤハウェへの信頼を表明しつつ（6節）、救いを嘆願する（7節）。そして、救いに対する讃美（感謝）の約束をもって祈りを締めくくる（8節）。最後に、「義人たちが私を囲むでしょう」と詠われるが、そこには、孤独であった祈り手に与えられる同信の者たちとの連帯の喜びが先取りされている。

本詩は、このように、「個人の嘆きの詩」として標準的な整いをみせている。だが、それは本詩に個性がない、という意味ではない。以下、内容に立ち入って、本詩に少しく解釈を加えてみよう。

「ダビデ小詩集」に収められた他の個人の祈りの詩篇と同じく、本詩の祈り手も敵の攻撃にさらされている。4節「私に網（＝罠）を仕掛けた」、7節「追い迫る者たち」といった表現にそれはうかがわれる。ところが、本詩においては、他の個人の祈りにみられるような、敵の攻撃を暴き、これを神に訴える言葉は抑制され、敵の滅びを願う言葉も発せられることはない。そのためもあって、本詩の祈り手がどのような敵から、どのような攻撃を受けているのか、詳らかではない。祈り手は、むしろ、おのれの苦難の実情を訴えることのほうに重点をおいているようにみえる。その実情は「わが霊が衰える」（4節）、「私はひどく衰えた」（7節）、「私に配慮してくれる者／わが魂を顧みてくれる者もない」（5節）などと表現される。これだけを読めば、本詩の祈り手は、敵の攻撃に苦しめられているというよりも、病や加齢などのゆえに体力が弱り衰え、それとともに生命力も低下し、寄り添ってくれる者さえいない、と嘆いているかのような印象を与えよう。

そうしたなかで祈り手は、自分は「牢獄」に捕らえられている、と感じ取ったのである（7節「わが魂を牢獄から解き放ってください」）。「牢獄」とは、この場合、一部の注解書が説明するように、権力筋に不都合な者を収監する監獄（エレ三二2）、もしくは判決が出るまで訴えられた者を留めおく留置場（レビ二四12参照）を指すのではないだろう。また、冥界（＝死）のことでもないだろう。「わが魂」という表現が暗示するように、祈り手は「牢獄」によって、彼自身のおかれた窮地を比喩的に表現し、自力では自己をそこから解き放ちえない、との思いをこの一語にこめたのであろう。彼はそのような「牢獄」から、「わが避け所」であり、「わが割り当て」である神ヤハウェのもとへと解放されることを願っている（6節）。

「避け所」とは、「逃れ場」（5節）と同じく、神ヤハウェの加護を示す術語の一つである。それに対して、ヤハウェを「わが割り当て」と呼ぶ伝統は、元来、祭司部族であったレビ人に由来する（訳注参照）。ここから、本詩の祈り手は祭司もしくはレビ人であった、と想定することもできよう。じじつ、ヤハウェを「わが割り当て」と詠う詩篇一六篇などは、もともとの詠い手がレビ人であった可能性がある（詩一六5）。だが、「永遠に神はわが心の岩、わが割り当て」と詠う詩篇七三篇においては、「割り当て」は存在の支えといった意味合いで用いられている（詩七三26）。本詩の「わが割り当て」は、「避け所」と対で用いられていることからみて、後者に連なるように思われる。

本詩には「彼（＝ダビデ）が洞窟にいたとき」という表詞が付されている。「ダビデ小詩集」の他の作品の表詞は、ダビデについて、短くレ・ダウィード「ダビデの」と記すにすぎないが、なぜか、本詩だけにダビデの生涯の一場面を想起させる表詞が付された。そもそも「ダビデ」の名に言及する表詞の数は多く、詩篇全体で七十三にのぼる。そのうちダビデの生涯の一場面に言及する作品は前半に集中し、詩篇三篇から六三篇までに十一篇を数える（注二）。本詩はそれに次ぐ十二番目の作品である。しかも、本詩と同じく「洞窟」に言及する表詞はもう一つ、詩篇五七篇にみられる。

これら二つの詩篇に付された「洞窟にいたとき」という表詞は、これを口ずさむ者に「洞窟」に逃れたダビデを想起させたはずである。そして、これらの詩篇を自分の祈りに重ね合わせて口ずさんだ者は、「洞窟」に逃れたダビデがそうであったように、嘆きが希望へと、救いを求める祈りが感謝と讃美へと変えられ、孤独が連帯へと連なることを確信させられたことであろう。これら二つの詩篇が「洞窟」にいたときのダビデと結びつけられた理由については、「思想と信仰」において、あらためて考察する。

本詩の成立時期は、「わが霊」を「私自身」という意味で「わが魂」と同義的に用いること（4節）、信仰共同体を「義人たち」と呼ぶこと（8節）などから、第二神殿時代である。しかし、それ以上のことはわからない。

思想と信仰

本詩の表詞に付された「洞窟にいたとき」とは、詩篇五七篇の表詞「サウルの前から洞窟に逃れたとき」が示すように、ダビデがサウルの迫害を逃れて洞窟に潜んでいたときのことを指す。ダビデは、若き日に、サウルに追跡され、荒野の洞窟を転々と逃避行せざるをえなかった。ダビデ物語は二箇所で「洞窟」に言及する。「アドラムの洞窟」（サム上二二1―2）とエン・ゲディの「洞窟」（同二四1―23）である。表詞は、いずれも、そのうちの後者の物語を念頭におく。もちろん、このような表詞が付されたからといって、詩篇五七篇や本詩が、じっさいに「洞窟」に身を隠したダビデが捧げた祈りであったのではない。そもそも表詞は詩篇が編集される段階で付されたのである。したがって、本詩とダビデの逃避行との結びつきも二次的である。では、本詩はなにゆえ「洞窟」に逃れたダビデの物語と結びつけられたのであろうか。

注解書の多くは、「追い迫る者たち」（7節）がダビデを追跡するサウルとその部下の兵士たちと重ねられ、8節「牢獄」が「洞窟」を思い起こさせたのであろう、と説明する。だが、「追い迫る」（ラーダフ）はサウルによるダビデ迫害を想起させるには、あまりに一般的な動詞である。ダビデを迫害するサウルの行為を特徴づける動詞にはビッケーシュ「狙う」が用いられる（注二）。加えて、「牢獄」が閉じ込められる場所を表すのに対して（訳注参照）、「洞窟」はむしろダビデの「逃れ場」であった。したがって、本詩を「洞窟」に逃れたダビデと結びつけたものは、「追い迫る者たち」や「洞窟」といった語句表現ではありえない。筆者は、両者を結びつけた理由は本詩の祈り手とダビデ双方に共通する、敵に対する姿勢にあった、と判断する。

すでに述べたように、本詩の祈り手は敵の攻撃を嘆きはするが、「追い迫る」敵への報復を神に願う言葉を発することはない。「ダビデ小詩集」に収められた個人の祈り（詩一四〇～一四三篇）のなかで、敵への報復や呪いの発言がないのは本詩だけであり（注三）、敵に対する報復願望の抑制こそは本詩に際だつ特色である。一方、エン・ゲディの洞窟におけるダビデとサウルの物語（サム上二四1―23）によれば、ダビデは、彼の殺害をもくろむサウルに報復する機会が訪れたにもかかわらず、また部下たちが報復を勧めたにもかかわらず、サウルに手を下すことはしなかった。彼は報復行為に走らず、逆に、サウルとの和解を試みるのである。エン・ゲディの洞窟を舞台とする物語は、そのようなダビデの姿を描き出すことに主眼をおいている。

このようにみるならば、本詩の「私」とエン・ゲディにおけるダビデは、敵への報復願望を抑制する点において共通する。本詩の表詞に「彼（＝ダビデ）が洞窟にいたとき」と記した理由は、この共通性が読み取られたからではないか、と思われる。同じことは、「サウルの前から洞窟に逃れたとき」と表詞に記す詩篇五七篇についてもいいえよう。五七篇は、本詩にもまして、抗いがたい敵による攻撃を神に嘆き訴える（4―5節、7節）。だが、祈り手は、本詩と同じく、「獅子」のような敵への報復を神に願うことはしていない。

ところで、本詩末尾に掲げられた「わが魂を牢獄から解き放ってください」との懇願も、本詩を印象づける祈りの言葉である。この「牢獄」は、前述したように、比喩的表現であったろう。同じく「牢獄」という比喩を用いて、人間の精神は「肉体」という「牢獄」に閉じ込められている、と考えたのはギリシアの哲学者プラトンであった。そこには、人間精神の自由とその高邁さが洞察される一方で、身体的不自由さが自覚されている。たしかに、私たち人間は、思い通りにならないときなど、目に見えない「牢獄」に閉じ込められている自分を感じることがある。だが、聖書は「肉体」を「牢獄」とみる思想的立場をとることはない。

もし、聖書に思想としての「牢獄」を見出しうるとすれば、それは「罪」であったろう。「罪」は身体的欲求や不自由さではなく、おのれの欲望に生きることである。そこに人間を神から離反させようとする力がはたらく。パウロは人間の内にひそむ、そのような力を「罪」と呼んだ（ロマ七13―25）。「牢獄」からの「魂」の解放を願った本詩の祈り手がそのような「罪」を「牢獄」にたとえたのではないことは、いうまでもない。力においてまさる敵に迫られ、活力（「わが霊」）が衰えゆくおのれの弱さを「牢獄」になぞらえたにすぎない。だが、その「牢獄」からおのれを解放してくれるのは神ヤハウェであって、自分自身にその力はない、という一点において、本詩はパウロと響き合う。「網を仕掛け」「追い迫る」敵はつねに外に存在するとは限らない。自らのうちにはたらく罪の力でもありうるのだから。

注

（一）ダビデの生涯の一場面に触れる表詞をもつ詩篇は十二あり、本詩の他には、三、一八、三四、五一、五二、五四、五六、五七、五九、六〇、六三の各篇。

（二）動詞ラーダフがサウルに用いられるのはサム上二三28のみ。ビッケーシュは「ダビデ」「（ダビデの）魂（＝命）」などを目的語として、ダビデを迫害するサウルの行動に繰り返し用いられる。サム上一九2、10、二〇1、二三15、25、二四3、二六2、二七1、4など参照。

（三）一四〇篇には10―12節に、一四一篇には6、10節に、一四三篇には12節に、敵への呪いや敵の滅びを願う言葉が綴られる。

第143篇
誰しもみ前に義しくはありえない

1　ダビデの歌
ヤハウェよ、わが祈りをお聞きください、
わが嘆願に耳を傾け、あなたの真実をもって、
あなたの正義をもって、私にお応えください。
2　あなたの僕の審きに踏み込まないでください、
じつに、生きる者は誰しも、
み前に義しくはありえません。

3
じつに、敵がわが魂に追い迫り、
わが生命を地に打ち砕いて、
私を漆黒の闇に住まわせました、
永遠の死者でもあるかのように。
4
わが霊はわが上で衰えました、
わが心はわが内で呆然として。
5
私はいにしえの日々を思い起こしては、
あなたの働きのすべてを思い巡らしました、
あなたのみ手の業に想いを馳せながら。
6
私はあなたに向かって両手を広げました。
わが魂はあなたには疲れた地のようです。　セラ
7
すぐにも私にお応えください、ヤハウェ、
わが霊は尽き果てました。
み顔を私から隠さないでください、

私は穴に下る者たちと等しくなりました。
8
朝にはあなたの慈愛を聞かせてください、
私はあなたに信頼したのです。
私の行くべき道を知らせてください、
私はあなたに魂をかかげたのです。
9
私を敵たちから助け出してください、ヤハウェ、
私はあなたのみもとに身を隠しました。
10
あなたのみ旨を行うことを私に教えてください、
じつに、あなたはわが神です。
あなたの恵み深い霊によって
私を平らな地に導いてくださるように。
11
ヤハウェよ、み名のゆえに私を生かし、
あなたの正義をもって、
わが魂を苦難から導き出してくださるように。
12
あなたの慈愛をもって、わが敵たちを絶やし、

わが魂に敵対する者たちを滅ぼされますように、
じつに、私はあなたの僕です。

訳注

〈1節〉

ダビデの歌。七十人訳はこの後に「息子が彼に追い迫ったとき」を加える。3節に出るカタディオー「追い迫る」という動詞をアブサロム蜂起の物語と重ね合わせたからである。同じ動詞がサム下一七1（「ダビデを追跡する」）の七十人訳に用いられる。詩三1も参照。

ヤハウェよ、わが祈りをお聞きください。詩五四4に同文。

わが嘆願に。詩一四〇7「わが嘆願の声に」。詩二八2、三一23などでも。

〈2節〉

あなたの僕の審きに踏み込まないでください。詠い手は「審き」ではなく、「真実」と「正義」に基づく赦しを願う。「審きに踏み込む／入る」という表現はイザ三14、ヨブ九32、二二4にも。動詞タボー「あなたは踏み込む／入る」をタベーと読み替えれば「あなたの僕を審きに引き込まないでください」（ヨブ一四3参照）。「あなたの僕（＝祈り手）」は本詩末尾にもう一度繰り返される。

み前に義しくはありえない。神の前に厳密な意味での義人は存在しない。パウロはロマ三20（ガラ二16）に本節の七十人訳「すべて生きるものはあなたの前で義しくされない」を間接引用。同じ趣旨の発言は、王上八46、ヨブ一四4、箴二〇9、コヘ七20など。詩篇では一四3、一三〇3。

〈3節〉

わが魂に追い迫り。「追い迫り」は完了形。死海写本（11QPs[a]）は未完了形。詠い手は自らに繰り返し「わが魂」という表現を用いる（3、6、8、11、12節）。

漆黒の闇。マフシャーク「暗闇」の複数形。詩八八7参照。本節3―4行は哀三6の引用か。

〈4節〉

わが霊は……。詩一四二4にほぼ同文。7節にも同じ内容の嘆き。

呆然として。別訳「かき乱されて」（七十人訳）。

〈5節〉

本節は詩七七12―13に似る。

いにしえの日々を思い起こし。祈り手は神に祝福された過去を想起する。次行「あなたの働き」、次々行「み手のみ業」は単数形。異本、七十人訳、死海写本（11QPs[a]）は複数形。

〈6節〉

両手を広げる。祈りの姿勢。「両掌をかかげる」（詩一四一2他）などに同じ。

疲れた地。水がなくて乾ききった地をこう表現。七十人訳「水のない地」。詩六三2参照。異本および死海写本（11QPs[a]）は「疲れた地にあって」。

セラ。詩篇に三3から七十一例を数える最後の用例。

〈7節〉

1、3行は詩六九18、一〇二3に同一表現。

私にお応えください。七十人訳「私に聞き入ってください」。

わが霊は尽き果て。それゆえ「あなたの恵み深い霊」によって導いていただきたい、と願う（10節）。

隠さないでください。七十人訳「そむけないでください」。

穴に下る者たちと等しく。詩二八1に同文。「穴に下る」とは死んで地下の冥界に赴くこと。エゼキエル書に多用される表現（二六20、三一14他）。詩篇では三〇4、八八5など。「塵／冥界に下る」（詩二二30、五五16他）に同じ。

〈8節〉

朝には。朝は神が祈りを聞き入れてくださる時。詩五4、三〇6、四六6など参照。

信頼した。七十人訳「希望を託した」。

魂をかかげる。原文「わが魂をかかげる」。頼りにして、思いを寄せること。詩篇では他に二四4、二五1、八六4。

〈9節〉

身を隠す。動詞キッサー「…を隠す」がここでは自動詞的に用いられる。ハーサー「身を避ける」（詩一四一8他）とほぼ同義。つまり、エルサレム神殿に保護を求めること。

〈10節〉

み旨を行う。詩四〇9。ラツォーン「み旨」とは「あなたに喜ばれること（↑ラーツァー「喜ぶ、喜んで…する」）」。ギリシア語テレーマ（マタ六10「み心」に同じ）。

あなたの恵み深い霊によって。別訳「あなたの霊は恵み深く」。「恵み深い」は「よい」が原意。異本に「恵み深いあなたの霊が」（七十人訳も）、「あなたの霊が恵みをもって」。

平らな地に。複数の写本は「平らな道／道筋に」と伝える。「平らな」は「まっすぐな」とも。詩二七11参照。

〈11節〉

み名のゆえに。神ヤハウェの名が讃えられるために。詩二三3、二五11など参照。エゼ二〇9、14、三六22他では、ヤハウェの聖なる名が穢されないために。

〈12節〉

わが魂に敵対する者たちを。別訳「わが魂を抑圧する者たちを」（七十人訳）。

構成、主題、背景

本詩は「ダビデの小詩集」（一三八―一四五篇）の真ん中におかれた「苦しむ個人の祈り」四篇の最後であると同時に、詩篇全一五〇篇のなかで四十数篇を数える「苦しむ個人の祈り」（「個人の嘆きの詩」）の最後、またカトリック教会が「七つの悔い改めの詩篇」に数える作品の最後でもある（他には六、三二、三七、五一、一〇二、一三〇篇）。全体は、おおむね二節ずつがひとまとまりをなしている。

祈り手は敵に苦しめられ、魂も霊も消耗しきるなかで、神ヤハウェの祝福にあずかった「いにしえの日々」を想起しつつ、救いの嘆願を聞き届け、これを「真実」「正義」「慈愛」をもって実現してほしい、とヤハウェに懇願する。本詩は典型的な「苦しむ個人の祈り」の詩篇であるといってよく、訳注に示したように、他の祈りの表現が数多く用いられている。以下、段落ごとに内容を確認してみよう。

1―2節。祈りを聞いてほしい、といった冒頭の嘆願は嘆きの詩篇の常套句であるが（詩四2、五2、一七1他）、本詩はそれに「あなたの真実をもって」「あなたの正義をもって」と加える。「真実」と「正義」は、「慈愛」（8、12節）とともに、神ヤハウェの重要な特性であり（詩四〇11、八五11―12、九六13他）、とくに「義／正義」と「真実」はヤハウェの支配を特色づける（詩九六13、イザ一一5など参照）。2節は、しかし、あなたの前（「み前」）では誰も義しくはありえないのであるから、「僕」（祈り手）を審かないでほしい、と願う。本詩が「悔い改めの詩篇」の一つに数えられた理由は、これが祈り手自身の「罪の告白」と理解されたからである。人は誰しも神の前には義しくありえない、とは主として詩篇や知恵文学に伺われる人間理解である（二節の訳注参照）。パウロはいわゆる信仰義認論との関わりで2節後半部を引用する。

3―4節。ここで祈り手は「わが魂」「わが生命」「わが霊」「わが心」といった表現を用いて、自分が生存の危機におかれていることを神に嘆き訴える。「私」は敵による迫害のなかで、身心の活力を喪失させられ、「死者でもあるかのように」希望の光もみえない暗闇のなかにおかれている、と。

「私を漆黒の闇に住まわせた」という表現から、祈り手は不当な裁判によって牢獄に収監されている、といった想定もされるが、解釈過剰というべきか。なお、「わが魂」は自己の存在総体を指し、「わが霊」は生きる活力を表す。

5―6節。そうした情況のなかで祈り手は「いにしえの日々」を想起し、「み手の業」に想いを馳せつつ、救いを懇願する（「両手を広げた」）。「いにしえの日々」「あなたの働きのすべて」「み手の業」などは、祈り手がかつて経験した神による祝福の数々を指すのであろう。祝福された過去の栄光が現在のみじめな姿をより鮮明に照らし出し、その姿を植物の芽吹くことのない「疲れた地」になぞらえる。ただし、過去の祝福の実態を述べることはない。

7―8節。ここでは四つの懇願文を連ね、祈り手はあらためて神ヤハウェに応答を迫ってゆく。それぞれの懇願文には完了動詞を用いた理由文が添えられる。7節では「すぐにも私に応答し」「み顔を私から隠さないでください」との懇願に、「わが霊は尽き果て」「私は穴に下る者たちと等しくなった」と添えられ、8節では「あなたの慈愛を聞かせ」「私の行くべき道を知らせてください」との懇願に、「私はあなたに信頼し」「わが魂をかかげた」のだから、と付け加えられる。「穴に下る」とは死者が冥界に下ることであり、「永遠の死者でもあるかのように」（3節）の別表現。「朝には」という句には、「漆黒の闇」（3節）からの解放の願いがこめられる。この一句から、祈り手が神殿において夜を徹して祈った、と想像するのもまた解釈過剰。

9―10節。ここでも、神ヤハウェに信頼を寄せているからには、「私」を敵から助け出し、神に喜ばれる業（「み旨」）を果たさせてほしい、と祈り手は願う。10節「あなたの恵み深い霊」とは、祈り手の衰え果てた「霊」（4、7節）に代わって、神ヤハウェから与えられる生きる活力の源、教えられたヤハウェの「み旨」を実践する力の源である。

11―12節。最後に祈り手は、あらためて、「正義をもって」苦難から解放してほしい、「慈愛をもって」敵を滅ぼしていただきたい、と懇願するとともに、「私はあなたの僕です」と訴えて、この詩は締めくくられる。この最後の一文は「あなたはわが神です」（10節）と呼応するだけではない。「あなたの僕」を審かないでほしい、とのはじめの懇願（2節）が、それによって念押しされている。

祈り手は、このように、敵に苦しめられるなかで、「わが霊」は衰え果ててしまった、と神ヤハウェに嘆き訴えながら、祈りを聞き届け、苦難から解放し、力づけてほしい、との懇願を繰り返す。また、敵が「わが魂」に「追い迫り」、「わが生命を打ち砕く」などと訴えるが、その敵がどのような存在なのか、本詩は詳しく語らない。したがって、敵が外敵なのか、同胞なのかも、特定できない。祈り手の苦難の具体相も詳らかにしない。にもかかわらず、本詩は全体として整然とし、落ち着いた祈りの印象を与える。他の詩篇や哀歌からの借用句を多用し（3、4、5、7節の訳注参照）、ヤハウェには「真実」（1節）、「正義」（1、11節）、「慈愛」（8、12節）といった伝統的な術語を用い、ヤハウェへの信頼が表明されるからである（8節「信頼し」「魂をかかげた」、9節「みもとに身を隠した」）。

こうしたことから、本詩は切羽詰まった個人が残した祈りというよりは、敵に苦しめられた信仰者ならば、誰でも自分の祈りとして唱えられるように編まれた作品であったろうと判断される。祈り手に「あなたのみ旨を行うことを私に教えてください」（10節）と願わせ、「あなたはわが神」「私はあなたの僕」（10、12節）と告白させる点などは、苦しむ個人の嘆き訴えを超えて、本詩のもつ教訓的性格を思わせずにはおかない。本詩は、したがって、個人の嘆きの詩篇のなかでも最も新しい作品のひとつとみられる。編まれた時期は、詩篇の編纂がはじまるペルシア時代の末もしくはヘレニズム期であったろう。

思想と信仰

神を前にして、義しい者はいない、と本詩2節は詠う。旧約聖書には、他にも、同じ主旨の発言が散見する（王上八46、詩一四3、一三〇3、ヨブ一四4、箴二〇9、コヘ七20など）。人間は神の前に正しくありうるのか、との問いはヨブ記の主題のひとつでもあった（ヨブ四17、九2、一五14、二五4）。その一方で、「義人」であればこそ、神の救いにあずかり、祝福された人生を送りうる、という応報思想が詩篇や箴言には繰り返し表明される（詩一5―6、五13、七10、箴三33、四18他）。神の前に「義人」はいない。それゆえ、人は救われるために、その罪科を帳消しにしてもらうほかはない。

罪科の帳消しは、古代イスラエルにおいて、まずは神殿に動物供犠を献げ、それを「焼き尽くす」ことによって行われた。そのための祭儀規定はレビ記に詳しく定められている（レビ一4、四2以下他）。その背後には、罪科を穢れとみなし、その穢れを供犠の動物に移し、これを焼き尽くすという、古代的な罪（＝穢れ）滅却の観念がみてとれよう。供犠を捧げる人が動物の頭に手をおくのは、罪を穢れとみて、これを動物に移すことを意味していただろう。これは伝統的に「贖罪」の供犠と呼ばれる（レビ一4、四20他）。だが、罪科を帳消しにする動詞にはキッペール「拭い去る」が繰り返し用いられる。したがって、元来、それは文字通り罪科を「消し去る」儀礼であって、罪を「贖う」という意味ではなかったろう。

詩篇における罪の帳消しにも、そうした儀礼を背景にする事例がみられるが（例えば詩六五4他）、詩篇のそれを特色づける動詞は、むしろ、ナーサー（「（神が罪科を）取り上げる＝取り去る」、詩二五18、三二5他）およびサーラハ（「赦す」、詩二五11、八六5他）である。それらは必ずしも儀礼を背景にしていない。本詩の場合、「あなたの僕の審きに踏み込まないでください」という懇願をもって、間接的に、罪の赦しが願われている。

ところで、バビロニア捕囚期初期の預言者エゼキエルはノア、ダニエル、ヨブの三人を「義人」の代表として名指しているが（エゼ一四14、20）、彼らは神を前にしても「義人」であったのだろうか。ノアはたしかに「彼の世代のなかで義しく、非の打ちどころがなかった」と洪水物語の冒頭に記される（創六9）。「義人ノア」の伝承は旧約聖書続編や新約聖書にも引き継がれてゆく（シラ四四17、ヘブ一一7、二ペト二5）。

ダニエルは、ダニエル書において、「聖なる神の霊が宿」り（ダニ四5他）、「神に対する無実」（ダニ六23）の人物として描かれる。だが、そもそもダニエル書はエゼキエルよりはるか後代に成立した書物であり、エゼキエルがダニエル書に描かれる青年ダニエルを念頭においたとは考えられない。エゼキエルが念頭においたダニエルがどのような人物であったか、もはや確かめることはできない。ただ、前二千年紀末のウガリト文書中の『アクハト物語』に「寡婦」と「孤児」を正しく裁いたダニル（dnil）という王が登場すること（KTU 1.17 v 8）、また旧約聖書外典『ヨベル書』（四20）に「神とともに歩んだ」エノクの叔父がダネルと呼ばれていたことなどから、ダニエル書とは別の「義人」ダニエルの伝承が存在していたのであろう。

ヨブもまた、ヨブ記の冒頭で、「非の打ちどころがなく、正しい」人物として紹介される。もっとも、ヨブ記の成立年代としてペルシア時代が想定されるから、エゼキエルが名指したのはヨブ記に描かれたヨブではなかったろう。研究者の多くは、現在のヨブ記の序（一―二章）と締めくくり（四二7―16）が直接つながるような民間伝承をそこに想定する。

エゼキエルはこれら人口に膾炙していた三名を「義人」の代表者として名指した。ところが、旧約聖書において、これらの人物は必ずしも完全無欠な人物として描かれてはいないことにも留意したい。洪水後、ブドウ栽培者となったノアは葡萄酒に酔って、醜態をさらしている（創九21）。苦難にあえぐヨブは、一方で、そのような苦難を受けるほどの罪は断じて犯していない、と主張するものの、他方では、自ら犯した「若気の至り」を告白する（ヨブ七20―21、一三26他）。ダニエルもまた、イスラエルの民の罪とともに、自身の罪を告白した（ダニ九20）。

これらの記事は、「生きる者は誰しも、み前に義しくはありえません」という表明が旧約聖書全体に生かされていることを物語るだろう。旧約聖書において、アブラハムにはじまる父祖たちであれ、モーセからダビデに至る民の指導者たちであれ、誰一人として完璧な「義人」として理想化されることはない。そこに人間存在の現実を見つめる旧約聖書のまなざしがある。

第144篇
さいわいだ、ヤハウェを神とする民

1 ダビデの〔歌〕
たたえられよ、ヤハウェ、わが岩、
わが手に戦いを、指に争いを教えてくださる方。
2 わが慈愛、わが砦、わが城砦、わがための逃れ場、
わが民をわがもとに従わせてくださる方よ。
3 ヤハウェよ、人間とはなにものでしょう、

あなたがこれを知ってくださるとは。
人の子とはなにものでしょう、
あなたがこれを顧みてくださるとは。
4 人間は息にも似て、
その生涯は過ぎ行く影のようです。
5 ヤハウェよ、あなたの天を傾け、
降ってきて、山々に触れてください、
それらは煙を吐くでしょう。
6 稲妻を走らせて、これらを散らし、
矢を放ち、これらをかき乱されますように。
7 高みよりみ腕を伸ばし、
私を解き放ち、救い出してください。
大水から、異邦の子らの手から。
8 彼らの口は虚しいことを語り、
その右手は虚偽の右手なのです。

9 神よ、新しいうたを私はあなたに歌いましょう。
十弦の琴をもって、あなたをほめ歌いましょう、
10 王たちに救いを与え、悪の剣から
その僕ダビデを解き放たれた方を。
11 異邦の子らの手から私を解き放ち、
私を救い出してください。
彼らの口は虚しいことを語り、
その右手は虚偽の右手なのです。
12 われらの息子らは若い日に大きく育つ苗木のよう、
われらの娘らは彫刻の施された宮殿の角柱《かど》のよう。
13 われらの貯蔵庫はあらゆる種類の品物で満ち、
われらの羊の群れはわれらの野原で何千、何万。
14 われらの牛たちは仔を生み、早産も流産もなく、
われらの広場には泣きわめく声もない。
15 さいわいだ、このようになる民は、
さいわいだ、ヤハウェを神とする民は。

訳注

〈1節〉

ダビデの〔歌〕。七十人訳「ダビデに、ゴリアトに対し」。本詩の下敷きになったと思われる詩一八篇には「ヤハウェがダビデを彼の敵すべての掌から、またサウルの手から救い出した日」という表詞が付されており、本詩1節三行目「わが手に」が投石用革紐を「手に」ゴリアトと戦った少年ダビデ（サム上一七40）を、10節「悪の剣」がゴリアトの「剣」（同45、51節）を想起させたのだと思われる。

たたえられよ、ヤハウェ、わが岩。詩一八47に似る。「わが岩」は七十人訳「わが神」。

わが手に戦いを教えられる方。詩一八35に似る。

〈2節〉

わが慈愛。ヘセド「慈愛」が城砦類と並ぶのは不自然に響くが、詩五九18などでも。

わがための逃れ場。原文「わがためのわが逃れ場」。この一行、詩一八3に似るが、末尾に「わがための」を添える点はサム下二二3に同じ。死海写本（11QPs[a]）「わたしには逃れ場」。七十人訳の本節は「わが慈愛、わが逃れ場、わが助け、わが解放者、かれに私はわが希望を託す、わが民をわが下に従わせられる方に」。

わが民を。多くの写本、ペシッタ他の古代訳、死海写本（11QPs[a]）、セベリーン（マソラ伝承で起こった読み替え）は、詩一八48に合わせ、「諸国民を」（新共同訳「諸国の民を」）。なお、ハ・ロデード「従わせてくださる方」は詩一八48「屈服させる方」よりも、サム下二二48「降らせる方」のほうに似る。

〈3節〉

人の子とはなにものでしょう。ここでは前々行を受け、「なにものでしょう」は原文で省略される。詩八5に似る。

〈4節〉

息にも似て。人間のはかなさをヘベル「息、気息」にたとえる箇所は、詩三九6、六二10他。七十人訳「虚無のようで」。

その生涯は過ぎ行く影のよう。「その生涯」の直訳は「彼の日々」。人生をうつろう「影」になぞらえる箇所は詩一〇二12、一〇九23他。七十人訳「彼の日々は影のように過ぎてゆく」。

〈5節〉

あなたの天を傾け。別訳「あなたの天を伸ばし」。詩一八10に似る。「あなたの」を欠く写本や古代訳あり。

煙を吐く。神ヤハウェの顕現を示す。出一九18、詩一〇四32など参照。

〈6節〉

稲妻を走らせて、これらを散らし。次行も含め、詩一八15に似る。「これら」が何を指すかは不明。「稲妻」を考えうるが、次行と整合しない。次行「矢」は稲妻の比喩。

〈7節〉

高みよりみ腕を伸ばし。詩一八17に似る。

大水から、異邦の子らの手から。「大水」は敵の攻撃や災厄の隠喩。詩一八17、三二6、六九3他。「異邦の子ら」(11節にも)は詩一八45、46に出る表現。詩一八45の訳注参照。

〈8節〉

11節に反復。

虚偽の右手。七十人訳「不義の右手」。

〈9節〉

新しいうた(シール・ハダーシュ)。神ヤハウェの新たな救いの業を讃える歌(詩三三3、四〇4、九六1)。黙五9、一四3にも用いられる。

十弦の琴。詩三三2、九二4。

〈10節〉

王たちに救いを。ヤハウェによる王の救いは詩二〇7、10など。

〈11節〉

私を解き放ち、私を救い出し。七十人訳は動詞の順序が逆。

〈12節〉

大きく育つ苗木のよう。詩一二八3参照。以下、14節まで神による祝福(申二八1―14参照)。七十人訳「彼らの息子らは新しい苗木のように彼らの若いときに成熟した」。七十人訳は以下に繰り返される「われらの」をすべて「彼らの」と訳す。「彼ら」は「異邦の子ら」を指すので、異邦の民は繁栄を享受するが、その彼らがヤハウェを神とあがめる民を祝福するようになる、という理解。

彫刻の施された宮殿の角柱。「宮殿」の原語はタブニート・ヘーカル「宮の建物」。神殿でもありうる。七十人訳「彼らの娘らは化粧を施され、神殿の写しのように着飾っていた」。

〈13節〉

七十人訳「彼らの貯蔵庫は満ち、ここそこにあふれ出す。彼らの羊は多産で、彼らが出るときに数を増す」。

〈14節〉

一行目の七十人訳「彼らの牛は肥えて、囲いの落下も脱出もなく」。

〈15節〉

さいわいだ、ヤハウェを神とする民は。詩三三12に類似表現。「さいわいだ」とは祝福の宣言。七十人訳「彼らはこのようになる民をさいわいとした」。

構成、主題、背景

本詩はヤハウェ讃美で始まるが、7―8節、10―11節から明らかなように、詠い手である「私」が神ヤハウェ（「あなた」）に救いを求める祈りである。ヤハウェに「わが手に戦いを、……教えてくださる方」（1節）、「わが民をわがもとに従わせてくださる方」（2節）と呼びかけており、詠い手は

「王」であったとみられる。王を詠い手とする詩篇は、王のために詠う詩篇とともに、「王の詩篇」と呼ばれ、詩篇に十点を数える（他には二、一八、二〇、二一、四五、七二、一〇一、一一〇、一三二の各篇）。本詩はその最後の作品である。

内容的には、しかし、詩篇一八篇と共通する詩句が目立つ（注一）。また、3節は詩篇八篇5節に、9節と15節は三三篇2―3節と12節に酷似する。こうした点から、本詩はそれまで知られていた詩篇、とくに詩一八篇を下敷きにして編まれた作品であった、と考えられる。ところが、12―14節では、「私」ではなく、「われら」への祝福が詠われる。「われら」はイスラエルの民（ないし会衆）とみられ、この変化はなにほどか唐突な印象を与えよう。もっとも、「王の詩篇」のひとつに数えられる詩篇七二篇などでも、正義と公正に基づく王の支配が民に繁栄と平和をもたらす、と詠われる。ここから「王」が「われら」すなわち民を代表していると解することもできようか（この点はさらに後述）。

本詩全体は、大きく11節までの前半と12節以下の後半に分かれる。前半部はさらに「ヤハウェよ」ないし「神よ」との呼びかけではじまる四つの段落に区切られる。以下、段落ごとにその内容を確認してみよう。

第一段落（1―2節）は、詩篇一八篇の表現を借りて、「私」に「戦いを教え」、城砦として「私」を守り、「私」に支配者としての能力を与えてくれる神ヤハウェに呼びかけ、この神をたたえる。2節「わが民を」は、詩篇一八篇48節、古代訳などに合わせ、「諸国民」と読み替えられることが多い（新共同訳「諸国の民を」）。本詩の詠い手は、しかし、「異邦の子ら」からの解放を願いはしても（7、

11節)、敵の撃破や諸国民支配を願うことはない。むしろ、12節以下にみられるように、「われら」すなわちイスラエルの民の祝福に重点をおく。その点で、本詩が下敷きにした詩篇一八篇が「諸国民」の屈服を詠いあげるのとは些か性格を異にする。

第二段落(3―4節)は人間存在のはかなさを詠う。人間は息や影のようにはかない存在である。それは旧約聖書にしばしば詠われる人間観である(4節の訳注に掲げた箇所を参照)。人間は地の塵から造られ、いずれは塵に帰る存在である(創三19、ヨブ三四15他)。その生涯は、朝に咲き、夕べにはしおれる草の花に似る(イザ四〇6―8他)。だが、神ヤハウェはそのような人間存在に心を寄せてくださる。王である「私」がこのように詠うことにより、王もまた弱くはかない人間であり、神ヤハウェに頼る他にないことを鮮明にする。

第三段落(5―8節)では、それゆえ、ヤハウェに天から顕現し、「虚しいことを語り」、「虚偽」をはたらく「異邦の子ら」から「私」を解放してほしいと願う。第一段落と同じく、この段落も詩一八篇から詩句を借りて構成される(5―7節の訳注参照)。「異邦の子ら」が誰なのか、彼らが語る「虚しいこと」や「虚偽」がどのようなことなのかは詳らかにしないが、詩篇一八篇37―46節が王による諸国民の軍事的征服と「異邦の子ら」の屈服を詠うのに対して、本詩は「異邦の子ら」の攻撃(「大水」)から解放されることを願うにとどめ、力による敵の制圧は詠われない。

第四段落(9―11節)もまた「異邦の子ら」からの解放の願いである。解放を懇願するに先だって、「新しいうた」による讃美の約束が、「王たち」を救い、「ダビデ」を開放した神に告げられる(9―

10節）。「新しいうた」とは、神による新たな救いの業に感謝し、これをほめ歌う讃美のうたである。この表現も、「十弦の琴」とともに、詩篇三三2―3節から採用されたのであろう。冒頭の「神よ」との呼びかけは、詩篇第五部（一〇七―一五〇篇）では、第二部の詩篇五七篇と六〇篇から合成された一〇八篇（2、6、12節）を除けば、ここだけである。おそらく、最終節「ヤハウェを神とする」という表現がここに先取りされている。

第五段落（12―15節）は、これまでの「私」に代わって「われらの」が反復される。「われら」はイスラエルの民ないし会衆を指す。ここでは、繁茂する木々、王宮の美しい装飾を比喩に用いた子孫繁栄が、食料庫や羊や牛の群れの充溢による「われら」への祝福が、具体的に詠いあげられる（12―14節）。これらは申命記二八章4―12節の祝福を思わせよう。最後に、ヤハウェを神とする民の祝福を宣言して、本詩は締めくくられる。この部分は、「王」が民を代表して詠ったとも、王の懇願に付された後代の付加ともみなしうる。

本詩の成立に関して研究者の見解は分かれる。「王の詩篇」であることから、少なくとも11節までは王国時代に遡る、との見解が一方にある。たとえば、本詩は「異邦の子ら」による国家間の契約破棄といった事態（8、11節「虚偽」、10節「悪の剣」）を受けたユダの王の祈りであったが、捕囚帰還後、新しい社会に適応させるために12節以下が加えられた、と想定される（L. C. Allen, *Psalms 101-150*, p. 363）。他方、既存の詩篇から多くの詩句を採用する本詩は、その全体が第二神殿時代に作成された、とみる意見も根強い。たしかに、1節「争い（qərāb）」、7、10、11節「解き放つ（pāṣāh）」、13節「種類（zan）」などのアラム語からの借用語が目立つこと、人間を「息」や「影」にたとえる事例も（4節の訳注参照）、「異邦の子ら」といった表現も（詩一八45の訳注参照）、捕囚期以後の文書にのみあらわれることなどは、後者の見解を支持するだろう。したがって、本詩が王国時代に遡る可能性は低い、といわざるをえない。

では、ダビデ王朝が消滅した捕囚期以後になって、このような「王の詩篇」が作成された理由はどこにあったのか。一般論としていえば、「王の詩篇」にダビデ王朝の再興と理想の王の到来の希望を託したことが、「王の詩篇」が王朝滅亡後も詠い継がれた理由であったろう。本詩の下敷きとなった詩篇一八篇においても、そうした立場からの付加が末尾に認められる（詩一八50―51）。ところが、本詩には理想の王の登場を暗示する詩句はみられない。本詩は、むしろ、王の軍事的側面を極力抑え、王である「私」を「異邦の子らの手から」解放されることを願う「人の子」として描き出す。それによって、詠い手が「私」に重ね合わせることができるように編まれているようにみえる。「詩篇一四四篇は新しい生活状況に伝統的な詩句、表象、観念を適応した見事な作例である」といわれるゆえんがここにある（N. deClaissé-Walford et als., *The Book of Psalms*, p. 988）。

思想と信仰

「王の詩篇」のなかで、本詩以外に、人間存在のはかなさを綴る作品はない。だが、その他の詩篇には、人生のはかなさを詠う詩句は少なからず散見する。それらを厭わずに列挙すれば、人間存在を

「草」「青草」「野の花」になぞらえる箇所は三七篇2節、一〇二篇12節、一〇三篇15節、「息」にたとえる箇所は三九篇6節、六二篇10節、「影」にたとえる箇所は三九篇7節、七三篇20節、一〇二篇12節、一〇九篇23などである。

人生を草や花、影や息にたとえた表現は、詩篇の他に、捕囚期以後の文書にあらわれる。おそらく、第二イザヤが民の運命を草の花にたとえた言葉が最も古く（イザ四〇7―8）、それが詩篇だけでなく、ヨブ記やコーヘレト書などの知恵文学や歴代誌にも引き継がれたのであろう（ヨブ八9、一四2、一七7、コヘ六12、八13、代上二九15）。人生は束の間であった、といった感懐自体は老いを迎えた者がごく自然に抱いたとしても（創四七9）、比喩をもってそれを言語化して伝えたのは詩篇と知恵文学の伝統であった。なかでもコーヘレト書は、人生ばかりか、人間の営みそのものが「空しい」、太陽のもとで起こるすべてが「空しい」と繰り返す（コヘ一2、14、二11他）。しかも、「空しい」と訳されるヘブライ語へベルは「息、気息」と別ではなかった。

束の間の人生とは、人類に共通する感覚であっても、そこから紡ぎだされる人生観は多様である。古くは、「人間のなすことは風にすぎない」と語る英雄ギルガメシュが、それゆえ、人間は死を怖れることなく勇猛果敢に戦うべきである、という英雄的人生観を披歴した。同じ叙事詩には、いずれは死ぬべき人間のなすべき業は、与えられた短い人生を充全に享受すること以外にはない、との人生観も女神により語られる（拙訳『ギルガメシュ叙事詩』岩波書店、解説参照）。ローマの哲人セネカによれば、過去を忘れ、世事に忙殺されて、今という時をなおざりにし、いたずらに未来を怖れるとき、人は人生を短いと感じ取る。それゆえ、過去に学び、現在を見つめ、将来の希望に生きるとき、人は「死すべき人間の生を永遠不滅の生へと転じ」うる、と説いている（セネカ著・大西英文訳『生の短さについて』岩波文庫）。

日本において、人生のはかなさの感覚は仏教の無常観を通して育まれた。常なるものはこの世に存在しない、という世界観を仏教は日本人の間にもたらした。この点に関して唐木順三は、平安時代の和歌などを参照しつつ、日本人はそれを情感として受け止め、世界観であったはずの無常観を詠嘆調の無常感へと変質させた、と論じている（唐木順三『無常』ちくま学芸文庫）。そうした詠嘆は、若き日に植村正久から洗礼を受けた国木田独歩の次の詩にみられるように、近代まで引き継がれている。

要するに悉《みな》、逝けるなり！
在らず、彼等は在らず。
秋の入日あかあかと田面《たのも》にのこり
野分はげしく颯々《さつさつ》と梢を払ふ
うらがなし、あゝうらがなし。

（「秋の入日」）

旧約聖書を残した人々が人間存在を草花や影や息になぞらえるとき、彼らもまた人生のはかなさを感じ取っていた。だが、それを情感にとどめなかった。むしろ、人間ははかない存在でありながら、なおも永遠の神の慈愛のなかに生き、生かされている、と信じて、「永遠の相の下に」自らを見つめたのである。これを宗教思想としてみれば、卑小な存在である個々の人間もまた万物宇宙の大生命である大日如来のなかに生き、生かされている、と説く仏教・真言宗の教えにも通じよう。だが、大日如来が森羅万象自体の原理であり、はたらきであるのに対して、旧約聖書の永遠の神は万物を自らの被造物として保持し、同じ被造物である人間に語りかけ、はたらきかけて、これを生かす意志的、人格的存在者と受けとめられていた。

注

（一）本篇1節と詩一八35、47、2節と詩一八3、48、5節と詩一八10、6節と詩一八15、7節と詩一八17。もっとも、2節「わがための」や「従わせてくださる方」は詩一八3、48よりも、サム下二二3、48のほうに似る。

第145篇 あなたの王権は永遠から永遠まで

1 ダビデの讃美
私はあなたをあがめます、王なるわが神よ、
あなたのみ名をたたえます、永遠に限りなく。
2 終日、私はあなたをたたえます、
あなたのみ名を讃美します、永遠に限りなく。
3 ヤハウェは偉大、大いに讃美される方、
その偉大さは究めることができない。

4 世代は世代へとあなたのみ業をほめたたえ、
人々はあなたの大能を告げ知らせましょう。
5 あなたの威光は栄光あふれる栄誉、
その不思議なみ業を私は思い巡らします。
6 あなたの恐るべき力強さを人々は述べ、
あなたの偉大さを私は語り伝えましょう。
7 あなたの豊かな恵みの数々を想起して、
彼らはあなたの正義を歓呼しましょう。
8 恵みと憐れみの方、ヤハウェ、
怒りは遅くして、慈愛に富む。
9 ヤハウェはすべてのものに恵み深く、
その憐れみはあらゆるみ業のうえに。
10 あらゆるみ業があなたを讃美するでしょう、
あなたに信実な者たちはあなたをたたえます。

11 あなたの栄光の王権を彼らは述べ、
あなたの大能を彼らは語りましょう、
12 人の子らにその大能を知らせるため、
あなたの王権の栄誉あふれる栄光を。
13 あなたの王権は永遠から永遠までの王権、
あなたの支配は各世代すべてにあって。
14 ヤハウェは倒れた者たちを支え、
屈む者たちを立たせてくださる。
15 あらゆるものの眼があなたに望みをおきましょう、
あなたは彼らに時に応じて食物を与えられます。
16 あなたはみ手を開いて、
生き物すべての求めを満ち足らせられます。
17 その道すべてにおいて、ヤハウェは義しく、
そのみ業すべてにおいて、慈しみ豊かです。
18 ヤハウェはかれを呼ぶ者すべてに近くおられる、
真実をもってかれを呼ぶすべての者たちに。

19 かれをおそれる者の求めをかなえ、
その叫び求めを聞き、彼らを救われます。
20 かれを愛する者たちすべてを守り、
邪悪な者たちすべてを根絶されます。
21 わが口はヤハウェへの讃美を語りましょう、
聖なるみ名を肉なるものすべてがたたえましょう、
永遠に限りなく。

訳注

〈1節〉

ダビデの讃美。テヒッラー「讃美」が表詞に用いられるのは、詩篇中、本詩だけ。本篇を伝える死海写本（11QPs^{a}）は表詞を「ダビデの祈り」（「祈り」はテフィッラー）と伝え、各節の終わりには、リフレインとして「ヤハウェはたたえられよ、そのみ名はたたえられよ、永遠に限りなく」との一文が反復される。

私はあなたをあがめます。「あがめる」の直訳は「高める」。本篇において一人称「私」が登場するのは冒頭二節の他には、5、6節の「私」と最終の21節の「わが口」。

王なるわが神。「王」は11、12、13節「あなたの王権」に引き継がれる。これに似た神への呼びかけは詩五3、六八25、八四4など。
永遠に限りなく。この句も冒頭の二節で用いられ、最終節に繰り返される。七十人訳「永遠まで、永遠の永遠まで」。

〈2節〉

終日。別訳「日ごとに」（七十人訳）。死海写本（11QPs^{a}）「私があなたをたたえる日は祝福されよ」。

〈3節〉

ヤハウェは偉大、大いに讃美される方。詩四八2a、九六4aに同じ。**その偉大さは究めることができない**。ヨブ五9、九10などに似る。七十人訳「かれの偉大さに限界はない」。

〈5節〉

栄光あふれる栄誉。直訳「栄光の栄誉」。12節「栄誉あふれる栄光」は逆に「栄誉の栄光」。七十人訳は本節を「あなたの聖なる栄光の威光を彼らは語り、あなたの偉大さを語り伝えましょう」と訳す。七十人訳は5と6節の「私は」を「彼らは」とする。死海写本（11QPs^{a}）の前半は七十人訳に同じ。**あなたの不思議なみ業**。直訳「あなたの不思議なみ業の言葉／こと」。ニフラオート「不思議なみ業」は出エジプトの奇蹟を思わせる語（出三20、三四10、詩七八4他）。

〈7節〉

想起して。直訳「……の想起を注ぎ出し」。

〈8節〉

恵みと憐れみの方、……。詩一〇三8に酷似。本節一行目は詩一一一4の二行目に同じ。ヤハウェの特性を「恵みと憐れみ」「怒りは遅く、慈愛に富む」と表現する古典的箇所は出三四6。

〈9節〉

すべてのもの。全被造物。次行および次節では「あらゆるみ業」。

〈10節〉

あらゆるみ業があなたを讃美する。詩一〇三22「ヤハウェをたたえよ、み業のすべては」。

〈11節〉

あなたの栄光の王権。直訳「あなたの王権の栄光」。マルクート「王権」は「王国」とも。この語は次節と次々節に繰り返される。ヤハウェの「王権／王国」という表現は他に詩一〇三19、代上一七14、二八5など（代下一三8はマムラカー）、いずれも第二神殿時代後期の文書。それはアラム語表現でダニ三33、四31、六27に引き継がれる。七十人訳はマルクートにバシレイアを充てる。

〈12節〉

あなたの王権。原文「かれの王権」を七十人訳他にならって読み替える。

〈13節〉

永遠から永遠まで。原文「すべての永遠（複数）の」。なお、本節と次節の間にもう一節を加える古代訳および死海文書については、注（一）を参照。

あなたの支配。メムシャラー「支配」は動詞マーシャル「支配する」の派生名詞。詩一〇三22の訳注参照。

〈14節〉

倒れた者たちを……。詩三七24に似る。

屈む者たちを……。本行は詩一四六8に同じ。

〈15節〉

本節と次節は詩一〇四27―28からの自由引用。

あらゆるものの眼。「あらゆるもの」には人間だけでなく、地上の生き物も含まれる。

食物を与えられます。死海写本（11QPs[a]）「食物を与えられました」。詩一三六25、一四七9なども参照。

〈16節〉

手を開く。惜しみなく与えること。申一五8、11参照。

〈17節〉

慈しみ豊か（ハシード）。「信実な者」（10節はその複数）と同一語（詩四4の訳注参照）。この語が神に用いられるのは本節とエレ三12のみ。ヘセド「慈愛」（8節）と同語根語であることをふまえて、「慈しみ豊か」と訳す。エレ三12も参照。七十人訳ホシオスは「聖なる」というほどの意味。ただし、エレ三12の七十人訳はエレエーモーン「恵みに富む」。

〈18節〉

死海写本（11QPs[a]）の本節「ヤハウェは近くおられる。そのみ名は祝福されよ、永遠に限りなく、彼らは真実をもってかれを呼ぶ。ヤハウェはたたえられよ、そのみ名はたたえられよ、永遠に限りなく」。

真実（エメト）。死海写本（11QPs[a]）はエムナー。七十人訳アレーテイア。

〈20節〉

かれを愛する者たち。死海写本「かれをおそれる者たち」。

〈21節〉

死海写本（11QPs[a]）は本節の後に「これは［……］の想起のため」と付されるが、何の想起なのかは欠損のため不明。

構成、主題、背景

本詩は一三八篇からはじまる「ダビデの小詩集」に収められた八つの詩篇の最後の作品である。ヘブライ語原文はいわゆる「アルファベト詩」として編まれており（注一）、これが詩篇に収められた「アルファベト詩」全八篇の最後となる。詩の類型という点では、冒頭で「私」が「王なるわが神よ」と呼びかけることから、詩篇一一一篇などと同じく、個人によるヤハウェ讃歌とみなされる。

本詩全体は、文体の上で、前半部（1―13節）と後半部（14―21節）に分けることができるだろう。前半部では、ヤハウェの偉大さを主に二人称（「あなた」）で讃美する。例外的に3、8―9節ではヤハウェに三人称を用いるが、これらの節は広く知られていた讃美の詩句の引用である。後半部では、それに対して、叫び求める者たちを支えるヤハウェを三人称で讃美する。ここでも、15、16節で例外的に二人称が用いられるが、この両節は詩篇一〇四篇27―28節の自由引用である。

内容的にみれば、前半部においては、神ヤハウェの偉大な権能が種々の術語をもって讃美される。1―6節では「偉大さ」「大能」「威光」「力強さ」などが、7―9節では「正義」と「憐れみ」と「慈愛」が、10―13節では「王権」と「主権」が術語として用いられる。讃美を表す動詞には、ロメーム「あがめる」(1節)、ベーラク「たたえる」(1、2、10節)、ヒッレール「讃美する」(2、10節)、シッベール「ほめたたえる」(4節)、リンネーン「歓呼する」(7節)などの他に、「告げ知らせる」(4節)、「述べる」(6、11節)、「語る」(11節)、「語り伝える」(6節)、「知らせる」(12節)などのごく日常的な動詞も用いられる。讃美する主体は詠い手の「私」からはじまるが(1、2節)、それが全世代の人々に受け継がれ(4節)、さらに「あらゆるみ業」すなわち全被造物へと拡大する(10節)。

それに対して、後半部ではヤハウェの行為と特性が詠われる。ヤハウェの行為には動詞の分詞形が多く用いられ(14節「支える」「立たせる」、15節「与える」、16節「開く」「満ち足らせる」、20節「守る」。19節「かなえる」「聞く」「救う」と20節「根絶する」は未完了形)、特性のほうは形容詞をもって表される(17節「義しい」「慈しみ豊か」、18節「近くおられる」)。そして、前半部において讃美の主体が詠い手から全被造物に拡大してゆくことを受け、後半部では全被造物(15節「あらゆるもの」、16節「生き物すべて」)を支え、これを維持するヤハウェのはたらきが詠われる。人間世界に対しては、ヤハウェは力弱き者たちを強め(14節)、かれに呼ばわる者たちを守り、邪悪な者を絶つ神である(18―20節)。

最後に、このような神ヤハウェとその「聖なるみ名」を、詠い手である「私」と「すべて肉なる者」とがともに「永遠に限りなく」讃えることを明言して（21節）、本詩は締めくくられる。この最終節は冒頭節と響き合い、両者によって本詩全体が枠づけられることになる。

本詩の成立時期は、他の詩篇からの引用とみられる詩句が少なくないこと（とくに3、8、14、15節）、神ヤハウェの「王権」（11節の訳注）、一種の普遍主義（「思想と信仰」参照）などから、第二神殿時代の比較的遅い時期、前四世紀ころであったとみられよう。

死海写本（11QPs[a]）に残る本詩は、1節の訳注に記したように、各節の終わりに「ヤハウェはたたえられよ、そのみ名はたたえられよ、永遠に限りなく」というリフレインが付されている。クムラン教団では本詩を礼拝に用いたのであろう。後のユダヤ教においても、本詩はヤハウェ讃歌の代表として、日ごとの讃美の祈りに用いられていたらしく、タルムードには、「ダビデの讃歌」すなわち本詩を日に三度口にする者には、来るべき世界で（神の）子となることが約束される、と記されている（apud Hossfeld/Zenger, *Psalmen 101-150*, S.806）。今日の敬虔なユダヤ教徒も週日の午後の祈りとして、また「贖罪の日」の午後の祈りとして本詩を唱えるという。

思想と信仰

詩篇の類型という点で本詩は個人によるヤハウェ讃歌とみなされる。たしかに、「私はあなたをあがめます」と本詩ははじまり、最終節では「わが口はヤハウェへの讃美を語りましょう」と詠われる。だが、本詩の詠い手は個人的な救済体験に発する語句をいっさい用いない。むしろ、神ヤハウェへの讃美は、詠い手をこえて、世代から世代へと人々に引き継がれ（4―6節）、さらには「あらゆるみ業」（10節）がヤハウェを讃美する、と詠ってゆく。最終節では、「わが口」の讃美を「肉なる者すべて」のそれと共鳴させている。本詩において、ヤハウェ讃美の主体は詠い手である「私」から全被造物へと広がってゆく。

讃美の対象となる神ヤハウェの特性もこれに呼応する。詠い手ははじめに「王なるわが神」（1節）と呼びかける。だが、それはヤハウェが詠い手を守り、これを祝福する個人の神であることを意味しない。「わが神」ヤハウェは詠い手の神であると同時に、全被造物を維持し、すべての生き物に食物を与える神なのである（15―16節）。ここに本詩の特色のひとつがある。

このような特色は、同じく個人によるヤハウェ讃歌の「アルファベト詩」である詩篇一一一篇と対比するとき、より一層きわだつだろう。両者の間には共通語根が数多くみられることから、「共通の資料」もしくは「同一の編集」を想定する見解がある（*op. cit.*, S. 805）。だが、両者の思想はけっして同列ではない。本詩の「私」が全被造物へと視野を広げるのに対して、詩篇一一一篇の「私」がヤハウェを讃えるのは、ヤハウェがその民のうえに「力」をあらわし、これに土地を授け、食物を与えてくれるからにほかならない（5―6節）。後者には全被造物という視点が欠如し、本詩は「ヤハウェの民」という発想をあえて導入しないのである。

本詩のもう一つの特色としてマルクート「王権」の反復があげられよう（11―13節）。ヤハウェを王と讃える詩篇は少なくないが（とくに詩九六―九九篇）、「王権」という術語を用いる詩篇は一〇三篇と本詩の他にない（11節訳注参照）。本詩においては、ヤハウェを讃える「偉大さ」も「威光」も「力強さ」もこの「王権」に収斂する。そして、その「王権」は「永遠から永遠まで」「あらゆる世代に」及ぶ、と詠われる。だが、その統治は強制的な権力ではなく、「恵みと正義」「憐れみと慈愛」による（7―9節）。後半部ではそれを受けて、より具体的に、ヤハウェはあらゆる被造物を維持し、これを支える食物を豊かに与える創造の神である、と讃えてゆく。ヤハウェは万物の創造神である、との信仰が前提となっていることはいうまでもない。

本詩がユダヤ教の日ごとの祈りとされたことは前述したが、イエスが弟子たちに教えた「主の祈り」が本詩と通ずる面をもつことも最後に指摘しておこう。

まずは、「主の祈り」のはじめの「み名があがめられますように」が本詩21節「聖なるみ名をたたえましょう」と重なり合う。「み名をあがめる」とは「み名を聖とする」という意味だからである。また、本詩11―13節に反復される「あなたの王権」と主の祈りの「み国を来らせたまえ」の「み国」がギリシア語では同一となる（バシレイア・スウ「あなたの王なる支配」）。さらに、「日ごとの糧を与えたまえ」という「主の祈り」の一節は本詩15節「時に応じて食物を与えられる」と響き合う。本詩が「主の祈り」の直接的な下敷きとなったとは思われないが、本詩が当時のユダヤ教徒の間で広く口ずさまれていたとすれば、両者間のこのような関連はけっして偶然ではなかったろう。

注

（一）詩篇に収められたアルファベット詩は、他に、九―一〇篇、二五、三四、三七、一一一、一一二、一一九の各篇。さらに箴三一10―31、哀三章。これらは形式的に一定するわけではなく、半節ごとに冒頭の字母が変化する作品もあれば（詩一一一、一一二篇）、一節ごと（二五、三四、一四五篇、箴三一10―31）、二節ごと（九―一〇、三七篇）に変化する作品もある。また、哀三章では同一字母ではじまる節を三節繰り返し、詩一一九篇は八節繰り返す。

なお、本詩のマソラ本文には、なぜか、13節と14節の間にあるはずのヌン（n）行が欠けている。他方、ネエマーン「真実である」とはじまるヌン行を含む写本も知られ、七十人訳（およびペシッタ）もここに「主はその言葉において真実であり、その業すべてにおいて慈しみ豊かです」と添える。死海写本（11QPs^{a}）にも、「神（!）はその言葉において真実であり、その業すべてにおいて慈しみ豊かです」というヌン行が添えられている。では、マソラ本文は伝承過程でヌン行を欠落させてしまったのであろうか。その点に関しては、七十人訳等に残るヌン行が17節の本文を二箇所だけ入れ替えた模倣文にすぎない、ということも指摘されねばならない（ツァディーク「義しく」→ネエマーン「真実であり」、ベ・コル・デラカーイ「その道すべてにおいて」→ベ・デバラーイ「その言葉において」）。したがって、このヌン行が欠落を埋めるための安易な二次的作成であった可能性は否定できない。

第146篇

ヤハウェは永遠に王として

1 ハレルヤ
ヤハウェを讃えよ、わが魂。

2 わが生涯、私はヤハウェを讃えよう、
生きるかぎり、わが神をほめ歌おう。

3 君侯たちには信頼してはならない、
救いもないような人間の子らには。

4 霊が去れば、彼は出てきた大地に帰り、
その日に、彼のはかりごとも滅びゆく。
5 さいわいだ、ヤコブの神をおのれの助けとし、
その望みをおのれの神、ヤハウェにおく者は。
6 かれは天と地を造られた方、
海とそれらにあるすべてを。
かれは永遠に真実を守られる。
7 かれは抑圧された者たちに公正を行い、
飢えた者たちには糧を与えられる。
ヤハウェは囚われ人たちを解き放ち、
8 ヤハウェは盲人たちの目を開かれる。
ヤハウェは屈む者たちを立たせ、
ヤハウェは義人たちを愛される。
9 ヤハウェは寄留者たちを守り、

孤児と寡婦とをいたわられる、
邪悪な者たちの道を覆されて。
10 ヤハウェは永遠に王として治められよう、
シオンよ、あなたの神は代々に限りなく。
ハレルヤ。

訳注

〈1節〉

ハレルヤ。本詩から一五〇篇までの五つの作品には、はじめと終わりに「ハレルヤ」が付される。七十人訳は「ハガイとゼカリヤのアレールーヤ」。一四七篇（七十人訳はこれを1―11節と12―20節の二つの詩篇に分ける）、一四八篇の冒頭も同じ。

わが魂。詩一〇三、一〇四篇においても、冒頭、「わが魂」に呼びかけ、ヤハウェ讃美を自らに促す。

〈2節〉

本節は詩一〇四33に似る。

〈3節〉

君侯たちに信頼してはならない。ここからは会衆への呼びかけ。ナディーブ「君侯」は「領主」「王」などと並び称され（民二一18、ヨブ一二21、三四18他）、貴族層を指す。詩四七10、八三12、一〇七40、一一三8、一一八9などの「貴人」と同じ。七十人訳アルコンテース「支配者たち」。

人間の子ら（ベネ・アダーム）。「人間」のこと。ヘブライ語でベン「子」は所属を表す。七十人訳は「人間たちの子ら」。

〈4節〉

霊が去れば。人間も動物も神の霊によって生かされるが、その霊が去れば、息絶える（詩一〇四29―30、ヨブ三四14―15、コヘ三19他）。このような生命原理としてのルーアハ「霊」の観念は、旧約聖書中、比較的後代の書にあらわれる。

出てきた大地に帰る。「出てきた大地」の原文は「彼の大地」。大地の塵から造られたアダーム「人間」はアダマー「大地」に戻る。旧約聖書の基本的人間観。創三19、詩一〇四29、ヨブ一〇9、コヘ三20、一二7など参照。

その日に。息絶える日に。

はかりごと（エシュトノート）。アラム語からの借用語エシュトーンの複数形。七十人訳「彼らのはかりごとのすべて」。

〈5節〉

ヤコブの神（エール・ヤアコーブ）。ふつうはエロヘー・ヤアコーブ。詩篇では二〇2、四六8、12他。

エール・ヤアコーブという表現はここだけ。
望み（セーベル）。アラム語からの借用語。
〈6節〉
永遠に真実を守る。エメト「真実」は、前文を受け、被造物を保全する創造神のはたらきを表すと同時に、次節以下に述べられる、被抑圧者を解放し、苦しむ者を保護する神の意思を先取りする。本詩の中心。
〈7節〉
抑圧された者たちに公正を。詩一〇三6に同じ。
飢えた者たちには糧を与える。イザ四九10参照。
囚われ人たちを解き放つ。捕囚解放を念頭におく。イザ四九9、21参照。詩六八7、六九34、一〇二21なども。
〈8節〉
盲人たちの目を開く。原文「盲人たちを開く」。七十人訳は本節一行目と二行目の順序を逆にし、本行を「盲人たちを賢くし」と訳す。イザ三五5、四二7など参照。
屈む者たちを立たせ。詩一四五14に同じ。
〈9節〉
寄留者たち（ゲリーム）。よそ者。他国人とは限らない。

孤児と寡婦とをいたわる。七十人訳「孤児と寡婦を受け入れる」。寄留者と孤児と寡婦は社会的に弱い立場におかれた人々の象徴。彼らを保護することは旧約聖書の社会法の基本（出二二20―23、申二四17―22他）。

邪悪な者たちの道を覆す。「寄留者、孤児、寡婦」を苦しめることのないために。詩九四3―7参照。七十人訳「……道を滅却される」。なお、死海写本（11QPs[a]）は本詩を一〇五篇と一四八篇の間に配置し、9節と10節の間に以下を挿入。

ヤハウェを全地は［おそれるがよい］、
かれに［世界に住む者はみなおののけ］。
かれは創造したあらゆるみ業に知られ、
［……］その力あるみ業の数々［……］

この初めの二行は詩三三8による（*BQS*, p. 700）。

〈10節〉

王として治められよう。出一五18に似る。原文は動詞マーラク「王である／王となる／王として治める」の未完了形。動詞が文頭におかれるので、希求文とも解しうる（「王として治められるように」）。ヤハウェに動詞マーラクの完了形「王となられた」を用いる箇所はイザ五二7、詩四七9、九三1、九六10、九七1、九九1。未完了形は本詩と出一五18。ヤハウェをメレク「王」と呼ぶ箇所も詩文と預言書に限られ、詩篇に二十例（五3から一四九2まで、そのうち「わが王」が五3、六八25など五例）、イザヤ書に五例（六5、三三22他）、エレミヤ書に六例（八19、一〇7他）、他には民二三21、申三三5、ゼファ三15、ゼカ一四9、16、17、マラ一14。

ハレルヤ。本詩から一五〇篇まで、各作品の終わりにも「ハレルヤ」を付す。但し、七十人訳は一五〇篇を除き、ペシッタはすべて、末尾にハレルヤを付さない。

構成、主題、背景

本詩から一五〇篇まで、詩篇最後の五つの作品はハレルヤではじまり、ハレルヤで締めくくられるヤハウェ讃歌。ハレルヤ（ha(l)lelû-yāh）とは、ヘブライ語で「ヤハを讃えよ」を意味し（ヤハはヤハウェの短縮形）、神ヤハウェへ讃美を促す一種のかけ声である。七十人訳聖書でも「主を讃えよ」と訳さずに、アレールーヤ（Allēloûia）と音写する。

他には、詩篇一一一―一一八篇の各篇がハレルヤではじまり、詩一三五篇と一三六篇も冒頭にハレルヤが添えられる（注一）。前者は「エジプトのハレル集」、後者は「大ハレル集」と呼ばれる。それに対して、詩篇最後の五つの作品は「小ハレル集」ないし「最後のハレル集」と呼ぶ（注二）。本詩はその最初の作品である。

詠い手は、はじめに、自分自身（「わが魂」）に語りかけて、ヤハウェ讃美を促す（1節）。それに応答するかのように、「私」は生涯にわたって「わが神をほめ歌おう」と高らかに宣言する（2節）。ここまでが本詩の導入部。とはいえ、本詩は個人によるヤハウェ讃美ではない。そもそも冒頭におかれた「ハレルヤ」は会衆にヤハウェ讃美を呼びかけるときの定型句であった（文法的には複数命令形）。続く3節では、会衆に向かって「君侯たちに信頼してはならない」（文法的には二人称複数禁止形）と語りかける。

「君侯たち」とはいささか曖昧な表現であるが、広く富や権力を手にした者たちを指すために選ばれたのであろう。彼らは、いかに強力にみえようとも、所詮、「人間の子ら」にすぎない。「人間の子ら」つまり人間は「霊が去れば」、息絶えて、大地に戻り（詩一〇四29他）、その企ても消滅する。だから、人間による救いは虚しく（詩六〇13＝一〇八13）、そこに真の「救い」はない。であればこそ、君侯たちといえども、彼らに信頼を寄せてはならない、というのである（3―4節）。かつて預言者イザヤは、軍事大国エジプトへの依存に傾く為政者たちに警告して、「エジプト人は人間であって、神ではない」と喝破した（イザ三一1―3他）。本詩はそれと同質の警告を会衆に向かって発する。信頼すべき存在は神の他にない、との使信がその奥に籠められる（注三）。

本詩はその使信をアシュレー定式（「さいわいだ、……する者は」）によって表明する（5節）。祝福を告知するこの定式は詩篇第一篇冒頭の一句をはじめ、詩篇に二十五例を数える。ここでは、「ヤコブの神をおのれの助けとし、その望みをおのれの神、ヤハウェにおく者」に祝福が告げられる。

眼に見えない神ヤハウェが人の「助け」となり、「望み」でありうるのは、なによりも、天地と海と万物を創造し、これを維持し、これを生かす神だからである（6節）。天地創造は、旧約聖書の信仰者たちにとって、世界のはじまりを説明する物語であるに留まらなかった。万物を創造した神ヤハウェは、季節の巡りを定め、草木を育て、そこに生きるものたちを支えている。それによって神の「真実」が守られる。それゆえ、生き物はすべてこの神に望みをおくのである（詩一〇四27、一四五15）。

これと並んで、神ヤハウェに「望み」を託すもうひとつの理由が7―9節に綴られる。ヤハウェは社会的な抑圧や搾取に苦しむ人々を解放し、様々な障碍を負った人々を力づけ、「寄留者、孤児、寡婦」をいたわる神である。そのことが、ヘブライ語動詞の分詞形を連ね、ヤハウェの名を反復させながら、具体的に詠われてゆく。人間社会をヤハウェの「正義と公正」が発露する場と受けとめた旧約聖書の信仰者たちは、抑圧され、搾取された人々が解放され、社会的弱者や寄留者が保護されるところに、ヤハウェの意思の実現を見、ヤハウェの「真実」を感じ取った。7―8節には第二イザヤと重なる表現が目立つが、訳注に記したように、バビロニア捕囚からの解放が想起されたからである。社会的に弱い立場を象徴する「寄留者」と「孤児と寡婦」の保護がモーセの社会法をふまえることはいうまでもない（後述）。

ヤハウェに愛される「義人たち」（8節）とは、苦難のなかにあって「神ヤハウェを助けとし、ヤハウェに望みをおく」他にすべのない人たちである。その一方で、「邪悪な者たち」は孤児と寡婦と寄留者を踏みにじる（詩九四3―7参照）。彼らにはそれゆえ滅びへの経路が待っている（9節）。最後に、このような神ヤハウェが世界の王、シオンに住まう神であることを詠いあげて、本詩は締めくくられる。

ヤハウェを万物の創造者、全世界を治める神として讃える点は、「小ハレル集」全体に通じる特色である。本詩はそれをマーラク「王として治める」と表現した。さらに、そこに「永遠に」という小句を付け加えることによって、それを「永遠に真実を守る」（6節）ことと重ね合わせる。最終行は、シオン＝エルサレムに呼びかける。それは「小ハレル集」全体がエルサレム神殿において、会衆とともに詠われたことを示唆している（詩一四七12、一四九2も参照）。

本詩の成立が遅い時期であったことは、関係詞にアシェルでなく、シェを用いること（3、5節）、アラム語からの借用語（4節「はかりごと」、5節「望み」）などの用語法に示される。本詩にはじまる「小ハレル集」の編集は、詩篇全体が最終的に編纂された時期と重なっていたはずである。

思想と信仰

日常生活に困難をきたすような障碍を負った成員を保護することは、人間以外の動物の社会にはみられない。社会的に弱い立場におかれた成員の保護も人類社会にきわだつ特色のひとつである。人類がこのような社会をいつ、どのように発達させたのか、ということはいまだ歴史のかなたに隠れている（注四）。だが、本詩が言及する「孤児と寡婦」の保護であれば、古くは、シュメル都市国家時代の文書にみることができる。ラガシュの王ウルイニムギナの『改革碑文』（前二三五〇年頃）には次のように記されている。

人々が孤児（と）寡婦を力ある者に引き渡すことのないように、ウルイニムギナはニンギルス（＝ラガシュの都市神）に約束した。

孤児と寡婦を保護する伝統は、これ以後、メソポタミアの支配者たちに引き継がれてゆく。前二一〇〇年頃に編まれたシュメル語の『ウルナンマ法典』序文に、ウルの王ウルナンマは「私は孤児を富める者に引き渡さず、寡婦を力ある者に引き渡さず」と記し、バビロンの王ハンムラビは有名な法典碑（前一七四〇年頃）のあとがきに「力ある者が弱者を抑圧しないために、孤児と寡婦を正しく導くために」と刻ませている。このような孤児と寡婦の保護は、ウガリト文書から、遅くとも前二千年紀後半にはカナンにまで伝わっていたことが知られる。

旧約聖書における孤児と寡婦の保護の背景には、このような古代メソポタミアの伝統が横たわっている。だが、古代イスラエルにおいて、その伝統にいくつかの重要な変化が付け加えられたことも忘れてはならない。

第一に、古代メソポタミア（およびウガリト）において、孤児と寡婦の保護は王による正義の象徴とみなされていたのに対し、古代イスラエルにおいては、それが民の果たすべき義務とされたのである。預言者イザヤは、孤児と寡婦を虐げてはならない、と民に迫り（イザ一17、23）、「契約の書」には「寡婦と孤児はすべて苦しめてはならない」（出二二23）と定められた。

第二に、申命記やエレミヤ以降の預言者において、保護される存在として「寄留者」が加えられた

第147篇 シオンよ、あなたの神を讃美せよ

1 ハレルヤ
じつに素晴らしい、われらの神をほめ歌うことは、
じつに麗しく、ふさわしい、讃美はわれらの神に。
2 ヤハウェはエルサレムを建てられる方、
イスラエルの追放された者たちを集めて。
3 かれは心の砕かれた者たちを癒し、

彼らの苦痛の数々を包んでくださる。
4
かれは星の数を数えられる、
そのすべてを名で呼ばれて。
5
われらの主は偉大で、力は豊か、
その分別たるや、限りもなくて。
6
ヤハウェは虐げられた者たちをいたわり、
邪悪な者たちは地にまで落とされる。
7
感謝をもって、ヤハウェに歌い出せ、
竪琴をもって、われらの主をほめ歌え。
8
密雲をもって天を覆い、
地のために雨を備えて、
山々に草を芽生えさせる方を。
9
獣には糧を与えられる方、
鳴けば、烏の子らにさえ。

10 かれは馬の勇ましさを喜ばれず、
人の脚力を望まれることはない。
11 ヤハウェが望まれるのは、
かれをおそれる者たち、
その慈愛を待ち望む者たち。
12 エルサレムよ、ヤハウェをほめたたえよ、
シオンよ、あなたの神を讃美せよ。
13 じつに、かれはあなたの門の閂《かんぬき》を強くし、
あなたのなかであなたの子らを祝福された。
14 かれはあなたの領地を平和にされる方、
最良の小麦であなたを満ち足らわせて。
15 かれはその仰せを地に送られる方、
その言葉がすばやく駆け巡るまで。
16 かれは羊毛のような雪を降らせる方、
灰のような霜をまき散らされて。

17 かれが氷をパン屑のように投げられたら、
その冷たさの前に、誰が立ちおおせよう。
18 かれが言葉を送られると、それらを溶かし、
風を吹かせられると、水となって流れ出す。
19 かれはヤコブに言葉を告げ知らされる、
イスラエルにその掟と法の数々を。
20 かれがこうなさった国民は他になく、
彼らは法を知ることもなかった。

ハレルヤ。

訳注

〈1節〉

ハレルヤ。七十人訳「ハガイとザカリヤのアレルーヤ」。詩一四六1の訳注参照。

ふさわしい、讃美は。詩三三1に似る。続く「われらの神に」は翻訳上の補い。なお、ナイーム「麗しい」は「喜ばしい」とも。七十人訳「主を讃えよ、ほめ歌は素晴らしく、われらの神にとって、讃

美は喜ばしい」。本詩を一〇四篇の前に配置する死海写本（4QPs^{d} col. I）は「ふさわ［しい］、われらの［神をほめ歌うことは］、讃美はふさわしく、麗しい」。

〈2節〉

エルサレムを建てる。バビロニア捕囚帰還後のエルサレム再建を念頭におく。イザ六二5、詩六九36、一〇二17他。

追放された者たち。捕囚により、各地に散らされた人々。イザ五六8。七十人訳はディアスポラ。

〈3節〉

心の砕かれた者たち。イザ六一1に類似表現。詩三四19、五一19にも。

苦痛の数々を包む。「包む」もイザ六一1に。「癒す」と「包む」が並ぶのはイザ三〇26。アツェボート「苦痛の数々」の七十人訳は「傷」。

〈4節〉

星の数を数える。次行の「名で呼ぶ」も含め、イザ四〇26をふまえる。

名で呼ぶ。別訳「名をつける」。

〈5節〉

分別たるや、限りもなくて。イザ四〇28に類似表現。

〈6節〉

いたわる。動詞オデード「いたわる」の用例は他に詩一四六9のみ。

地にまで落とす。「地」はこの場合、死者の赴く冥界を指す。「生ける者（たち）の地」（詩二七13、五二7他）に対して、シェオール「冥界」は「下の地」（エゼ三二18他）、「地の深み」（詩六三10他）などと表現される。

〈7節〉

本節は詩三三2に似る。

感謝をもって。トーダー「感謝」は「感謝の讃美」でも「感謝の献物」でもありうる。詩二六7の訳注参照。

歌い出せ。アーナー「応える」が「歌い出す」という意味で用いられる事例は詩一一九172などにも。

われらの主を。七十人訳「われらの神を」。

〈8節〉

本節の三行目は対句を構成しないこともあり、七十人訳の写本の多くはこの後に詩一〇四14から採られた一句（「人間による労働のためには青草を」）を補う。

密雲（アビーム）。天を覆う「密雲」には水が蓄えられる。ヨブ二六8参照。

〈9節〉

獣には。獣はベヘマー。「生き物」「家畜」などとも訳しうる。動物を養う神ヤハウェは詩一〇四21、一三六25、一四五15など。

鳴けば、烏の子らにさえ。おそらくヨブ三八41からの自由引用（↓ルカ一二24）。別訳「烏の子らに、彼らが鳴き求めるものを」。七十人訳「かれ（＝主）に呼ばわる烏の雛たちに」。

〈10節〉

馬の勇ましさ、人の脚力。いずれも戦闘を念頭におく。「馬」は軍馬、「人の脚力」は兵士の素早さ。「脚力」の原文は「脚（複数）」。詩三三16―17、イザ三一1など参照。なお、本節と次節は詩三三16―18をふまえる。

〈12節〉

七十人訳は12節から別の詩篇とし、冒頭に「ハガイとザカリヤのアレルーヤ」を付す。

〈13節〉

門の閂を強くし。一度は砕かれた門を（哀二9）。「門」は複数。

〈14節〉

領地（ゲブール）。別訳「境界」。

最良の麦。原意「肥えた小麦」。詩八一17。

〈15節〉

仰せ（イムラー）。「言葉」（18、19節）、「掟」（19節）、「法」（19、20節）などと同じく、「律法」の別表現。

〈16節〉

羊毛のような雪。羊毛は白さの象徴（イザ一18）。北のヘルモン山には冬ごとに雪が降り、エルサレムが位置する中央山地にもときに降雪がある。雪についてはイザ五五10、ヨブ三七6、三八22など参照。七十人訳「……を降らせる方の」として、前行「言葉」を説明。

霜。七十人訳「霧」。

氷を……投げられたら。「氷」は雹のことか。七十人訳は本行を前節同様に「……を投げられる方の」とし、15節「言葉」を説明。

〈17節〉

誰が（ミー）。ミーをマイムに、動詞を複数形に読み替えれば、「その冷たさの前に水は立ち尽くす（＝凍ってしまう）」。

〈18節〉

それらを溶かし。「言葉」が溶かす、と読む。七十人訳「かれは……送って、それらを溶かし」。

風。原文「かれのルーアハ」。ルーアハは「霊」とも。本行はヨブ三七10の逆をいう。

〈19節〉

掟と法。フッキーム「掟」とミシュパティーム「法」を並べて「律法」を表わす用法は申命記的。申四1、5他。

〈20節〉

かれがこうなさった国民は他になく。字義通りには「かれはすべての国民にそうはされなかった」。申四7―8によれば、神ヤハウェは「掟と法」すなわち律法を他の国民には授けなかった。本篇末尾の二節は申命記のこの記述をふまえる。

彼らは法を知ることもなかった。七十人訳他「かれはかれの法（／判決）を彼らには示されなかった」。

本詩を一〇四篇と一〇五篇の間に配置する死海写本（11QPs[a], fg.E iii）「法をかれは彼らに知らせなかった」は七十人訳を支持。

構成、主題、背景

七十人訳は本篇を二つの作品、1―11節と12―20節とに分け、12節のはじめに、1節の冒頭と同じ「ハガイとゼカリヤのアレルーヤ」を付す。そのために、本篇の元来の形態をめぐって様々な見解が生じた。一方で、マソラ本文が元来の作品であり、七十人訳がこれを意図して二つの詩篇に分けた、とみなされ、他方では、前半（1―11節）と後半（12―20節）はもともと別の作品であった、と解される。さらに、前半を元来の作品、後半を二次的な拡大とみる意見、逆に、後半を本来の作品、前半を二次的な付加とみる意見がそれに加わる。だが、いずれも定説にはいたらない。以下、本篇の元来の形態を巡る議論には踏み込まず、段落ごとに内容を確認することからはじめよう。

1―3節。はじめに詠い手は、「われらの神」を讃美することはじつに素晴らしい、と宣言する。続いて、その理由が神ヤハウェの行為を表す動詞の分詞形で綴られてゆく。ヤハウェはエルサレムを建て、イスラエルの追放された者たちを集め、心身ともに苦痛を負った人々を癒してくださる方である、と。ここには、捕囚からの帰還とエルサレム再建が念頭におかれる。2節「讃美がふさわしい」との表現は詩篇三三篇の冒頭から、3節「心の砕かれた者」や「包む」はイザヤ書六一章1節から採られている。

4—6節。星を創造し、そのすべてを名で呼ぶほどに卓越した神は、虐げられた者たちをいたわり、邪悪な者を滅ぼしてくださる。イザヤ書四〇章26節から採られた「星のすべてを名で呼ぶ」という表現によって、神ヤハウェは、小さな星一つひとつを心に留められるように、弱く小さな者たちに心を傾けてくださる、と詠う。「虐げられた者たちをいたわる方」の「いたわる」という動詞は詩篇一四六篇9節を受ける。

7—9節。7節では、あらためて、聞き手にヤハウェ讃美を促す。ヤハウェは雨を降らせ、地上を潤し、動物たちを養う方だからである。このように自然界を保持する神讃美の典型は詩篇一〇四篇であり、本篇8—9節はその13—14節をふまえる。また、7節は詩篇三三篇2節から、9節「烏の子ら」はヨブ三八章41節から採られている。

10—11節。神が喜ばれるのは軍事力でなく、目に見えない神をおそれ、神の慈愛に望みを託す人たちである。そう詠うこの両節は、直接的には、詩篇三三篇16—18節から採られている。もっとも、軍備や強大国に頼ることをせず、神のみをおそれ、神のみに信頼せよ、とは預言者たちの主張であり（ホセ七11、イザ三一1—3他）、ヤハウェによる救いは軍備によらない、という思想は旧約聖書全体を貫く（サム上一七47、ホセ一7、詩四四7他）。それが「剣を取る者は剣で滅びる」（マタ二六52）というイエスの言葉に結晶する。

12—14節。この段落は、はじめにシオン＝エルサレムに呼びかけ、「ヤハウェをほめたたえよ、あなたの神を讃美せよ」と促す。シオンに呼びかけ、ヤハウェを「あなたの神」と言い換える点は、先行する詩篇一四六篇10節を受ける。讃美を促す理由は、ヤハウェがシオンを保護し、これを祝福されたからであり（13節）、シオンの平和と豊かさはヤハウェによってもたらされる（14節）。

15―18節。神が地上に送る「仰せ」と「言葉」が、同じく地上に降らせる雪や霜や雹（「氷」）と並べられる。ここでは、神から送られる「言葉」を天から降る雪や雨になぞらえるイザヤ書五五章10―11節を下敷きにする。雪が降り、霜が降りても、春の風が吹けば、それらは溶けて流れ出す。それは神の創造された自然のめぐりである。ここでは、それが「仰せ」また「言葉」と表現される。神の言葉は自然のなかに示される（詩一九2―5参照）。

19―20節。最後に、狭い意味での神の「言葉」すなわち「掟と法」がイスラエルの民に告知されていることを確認する。「掟と法」は律法を表す申命記的表現である（申四1他）。それがイスラエル以外の民には知らされなかった、と詠う最終節は申命記四章8節に基づく。だが、諸国民のための律法という思想（イザ二3、五一4―5他）はここにはない。

本篇を構成する各段落の内容をこのように確認してみると、本篇は、他の詩篇やヨブ記、イザヤ書や申命記などから直接また間接に引用しつつ、神ヤハウェの業の数々を讃歌として取り込んでいる、ということが分かる。その点では、1―11節と12―20節の間に大きな相違はない。

エルサレム再建と苦難からの解放　（2―3節　←詩六九36他）
身心に苦痛ある者たちのいたわり　（4―6節　←イザ六一1他）

降雨による動植物の維持と扶養（7―9節　←詩一〇四10―18他）
軍事でなく、神への信頼の重視（10―11節　←詩三三16―18）
エルサレムの平和と豊かさの実現（12―14節　←イザ五四13他）
気象現象と神の言葉のはたらき（15―18節　←イザ五五10―11）
イスラエルの選びと律法の授与（19―20節　←申四7―8）

ここから、本篇全体の重点はエルサレム再興（再建、平和、繁栄）と律法に基づく「神の民」イスラエルの確立におかれている、と推察できる。仮に、本篇がもともと別の二つの詩篇であったとしても、両者が結合した最大の理由は、エルサレムとイスラエルへの関心にあったろう。それは第二神殿時代の最も重要な課題でもあった。

本篇が言及する草の芽吹き（8節）、雪や霜や氷（16―17節）などは、冬から早春に向かう季節を示唆する。「感謝をもって」「竪琴をもって」（7節）は何らかの神殿礼拝を思わせる。しかし、本篇がどのような祭儀を背景にしているのかは詳らかではない。本篇が編まれた時期も、申命記、第二、第三イザヤ書、他の詩篇（とくに三三、一〇四篇）からの直接ないし間接的な引用から、前五世紀以後とはいえても、それ以上の特定はむずかしい。

本篇に先行する詩篇一四六篇は、万物の創造者として世界を治めるヤハウェに触れ、シオンへの呼びかけを残しながらも、その重点は、ヤハウェによる社会的に弱い立場にある人々の保護におかれていた。本篇に続く詩篇一四八篇は一四六篇から本篇に引き継がれた創造信仰に基づき、ヤハウェ讃美を全被造物に促す。それに対して、すでに述べたように、本篇は、前後の詩篇と主題や詩句を共有しつつも、エルサレム再興と律法に基づく神の民の確立に重点をすえている。ここから、本詩がエルサレム神殿で詠われた「小ハレル集」（詩一四六―一五〇篇）にしっかりと位置づけられていることがよくわかる。その際、本篇は先行する一四六篇の末尾を受けて、エルサレムを擬人化し、「あなた」と二人称で呼びかけた（12―14節）。

旧約聖書におけるエルサレムの擬人化は、八世紀の預言者イザヤやミカが用い、後に定着するエルサレムの呼称「娘シオン（バト・ツィヨーン）」にはじまる（イザ一8、ミカ一13他）。これを「娘」と呼ぶのは、ヘブライ語でイール「町」が女性名詞だからである。イザヤは、不実な「遊女」となった「娘シオン」に向かって、「お前の高官たち」は盗人のように賄賂を取り、孤児と寡婦を保護しない、と厳しく告発した（イザ一21―23）。エレミヤもエゼキエルも、エルサレムを婦人に見立て、彼女が犯した罪を「姦淫」として糾弾してやまなかった（エレ五7―9、エゼ一六15―34他）。

バビロニアによるエルサレム壊滅とバビロニア捕囚は、しかし、そのような「娘シオン」の姿を一変させる。哀歌において、シオン＝エルサレムは神ヤハウェの懲らしめによって痛めつけられ、子供たちを奪われ、見棄てられた「寡婦」として描き出されたのである。哀歌一章には、擬人化された「娘シオン」の惨状が描写されるだけでなく、彼女自身が発する痛ましい嘆きが一人称で綴られている（哀一12―16、18―22、他）。捕囚に連行された楽士の一人が詠った詩篇一三七篇には、基までも破壊されたエルサレムに思いを寄せ、これに語りかける切々とした心情が吐露されている（詩一三七篇）。

そうであればこそ、捕囚から帰還した民によるシオン＝エルサレムの再興は、見棄てられた「寡婦」が慰められ、ふたたびヤハウェの「花嫁」として迎えられる喜びのおとずれであった。第二、第三イザヤにそうした記述が集中する（イザ四九14―18、イザ五二1―3、六二5他）。本篇が、神ヤハウェを「エルサレムを建てる方」と呼び、シオン＝エルサレムにそのヤハウェへの讃美を呼びかける背景がここにある。

古代において、エルサレムほど擬人化され、呼びかけられた町は他にないだろう。福音書によれば、イエスもエルサレムに語りかけた（マタ二三37―39＝ルカ一三34―35）。しかし、歴史をとおして、エルサレムほど争いの舞台となった町もない。そして、いまなお、この町をめぐる対立は止む気配を見せない。本篇のように、エルサレムに平和と繁栄をもたらす神ヤハウェを讃える詩篇は、依然として、希望の表明にとどまるのか。それとも、本篇のような作品に詠われた信仰自体に何か重大な欠落があったのか。エルサレムは平和を希求する人類の試金石であり続ける。

第148篇 ヤハウェを讃美せよ、天から地から

1 ハレルヤ
ヤハウェを讃美せよ、天から、
かれを讃美せよ、高みにて。
2 かれを讃美せよ、すべてのみ使いたち、
かれを讃美せよ、すべてかれの軍勢よ。
3 かれを讃美せよ、太陽よ、月よ、
かれを讃美せよ、輝くすべての星よ。

4 かれを讃美せよ、天の天よ、
天の上にある水もまた。
5 それらがヤハウェのみ名を讃美するように、
じつに、かれが命じ、それらは創造された。
6 かれはそれらを永遠にかぎりなく確立し、
失せゆくことのない掟として定められた。
7 ヤハウェを讃美せよ、地から、
龍たちよ、すべて渾沌の海よ。
8 火と雹よ、雪と霧よ、
み言葉を行う大嵐よ。
9 山々とすべての丘よ、
実をむすぶ木とすべての杉よ、
10 獣とすべての家畜よ、
這うものと翼のある鳥よ、
11 地の王たちとすべての民族よ、

高官たちと地のすべての裁き人よ、
12 若い男たち、また若い女たちよ、
老人たちも、若者たちとともに。
13 それらがヤハウェのみ名を讃美するように、
じつに、み名のみが気高い、
その威光は地と天の上にあって。
14 かれはその民の角を高めてくださった。
讃美は、かれに信実な者たちすべてに、
かれに近き民、イスラエルの子らに。

ハレルヤ。

訳注

〈1節〉

ハレルヤ。七十人訳「ハガイとザカリヤのアレルーヤ」。詩一四六1の訳注参照。死海写本（11QPs[a]）は「ハレルヤ」を欠く。

天から。以下、6節まで、天の被造物にヤハウェ讃美を促す。

〈2節〉

み使いたち。原文「かれの使者たち」。み使いたちへの讃美の要請は詩一〇三20にも。詩二九1も参照。

かれの軍勢。ケレーは複数（ツェバアーウ）、ケティヴは単数（ツェバオー）。なおツァバーの複数形は女性形ツェバオートがふつうであり、男性形複数はこの個所（ケレー）と詩一〇三21のみ。ツェバオートは「万軍のヤハウェ」という場合の「万軍」に同じ（詩二四10の訳注参照）。七十人訳デュナメイス「軍勢」（原意は「諸力」）。

〈3節〉

輝く。「光の」が原意。七十人訳「すべての星と光よ」。

〈4節〉

天の天。最も高い天。セム語で「天」は複数形を用い、幾層にも重なっていると考えられていた。申一〇14、王上八27、ネへ九6など（→二コリ一二2「第三の天」）。

天の上にある水。天蓋の上に蓄えられた水。創一7、七11など参照。

〈5節〉

それらが……讃美するように。死海写本（11QPs^{a}）は「讃美せよ」。

かれが命じ、それらは創造された。七十人訳「じつに、かれが言うと、それらは生まれ、かれが命じると、それらは創造された」（詩三三［三二］9の七十人訳に同じ）。

〈6節〉

失せゆくことのない掟。原文「かれは掟を与え、それ（＝掟）は過ぎゆかない」。アーバル「過ぎ行く、移り行く」は律法や掟を「逸脱する、破る」という意味にもなるので、複数形に読み替えれば「かれは掟を与え、それら（＝天の被造物）は（掟を）逸脱することはない」。

〈7節〉

地から。以下、13節まで、地上と地下の被造物に讃美を促す。

龍、渾沌の海。タンニーン「龍」（七十人訳ドラコーン）は原始の渾沌を象徴する海の怪物。神ヤハウェはこれを撃破して世界の秩序を確立する（イザ二七1、五一9、詩七四13）。テホーム（tehôm）「渾沌の海」は語源的には「海」を意味するアッカド語ティアムトゥ（tiamtu）に通じる。ここでは複数形（七十人訳ドラコーンテス「龍たち」）。神話的には、創造以前の無秩序を象徴し（創一2、詩一〇四6）、地の深みに閉じ込められていると信じられた（創七11参照）。ここではテホームもタンニーンも被造物とみなされている（創一21、ヨブ四〇15以下など参照）。

〈8節〉

火と雹。「火」は稲妻を念頭におく。詩一八13—15、一〇四4など参照。

雪と霧。キトール「霧」の別訳「煙」。七十人訳「氷」。ケフォールと読み替えれば「霜」（詩一四七16参照）。

み言葉を行う大嵐。「大嵐」は「嵐の風」が原意。「み言葉を行う」とは神ヤハウェの意思に従うこと（詩一〇四4、一四七15参照）。七十人訳は「み言葉を行う」に「火」から「大嵐」までのすべてを修飾させる。

〈9節〉

山々や木々へのヤハウェ讃美の促しはイザ四四23、詩九六11―12他。

杉（エレズ）。ふつうはレバノン杉（詩一〇四16他）。

〈10節〉

家畜（べへマー）。別訳「生き物」。「獣」「家畜」「這うもの」「鳥」は、被造物としての生き物を列挙するときの言い方。創一24、26、七14、ホセ二20他。

這うもの（レメス）。爬虫類や虫の類。創一24他。

〈13節〉

み名。原文「かれの名」。七十人訳「かれだけの名」。

気高い。別訳「高められる」（七十人訳）。イザ一二4参照。

地と天。「天と地」がふつうの言い方。「地と天」は他に創二4のみ。

〈14節〉

本節は末尾の「ハレルヤ」まで含め、カイロ・ゲニザのシラ書写本［B］五一12に引用される（*The Book of Ben Sira*, Jerusalem 1973 [Heb.], p. 65）。

角を高めてくださった。「角」は力の象徴。「角を高める」という表現はサム上二10、詩七五11他。サム上二10、詩八九18他では「角」は「王」を指す。七十人訳「かれは……高めてくださる」。

讃美は、かれに信実な者たちすべてに。訳と解釈の分かれる箇所。文法的には、大きく、(一)「讃美を」と訳し、次行を含めて、一行目「その民の角を」の同格名詞句とみる立場、(二)「角」を高めてくれた神ヤハウェにイスラエルの民が讃美をささげるとの意味で、二―三行を独立名詞文とみる立場、(三)二―三行を独立名詞句とみて、本詩が信実な者たちからなる民イスラエルの讃歌であることを示す、あとがき風の付記とみる立場、などに分かれる。(一)では、神ヤハウェはイスラエルの民への「讃美」を高めてくださる、と解することになるので、しばしばテヒッラー「讃美」は「名声」「栄誉」などと訳される。しかし、本詩においてテヒッラーの同語根動詞ヒッレール「讃美する」はすべてヤハウェを目的語とするので、「讃美」はここでもヤハウェへのそれとみるほうが自然。(三)の場合、「これは信実な者たちすべてのため、……イスラエルの子らのための讃歌である」などと訳されるが、他の詩篇に類例は見られない。試訳は(二)の立場。なお、詩篇におけるハシード「信実な者」については詩四4訳注参照。

構成、主題、背景

本詩に先行する一四七篇は、神を讃美することの素晴らしさを詠い、天体を創造し、生き物を生かし、季節をつかさどる神ヤハウェに触れた。それを受けるかのように、本詩は天と地の被造界に向かって神ヤハウェ讃美を促してゆく。

前半、1―6節は、1節に「ヤハウェを讃えよ、天から」とあるように、天界にヤハウェ讃美を命じる。命じられるのは、「み使いたち」と「かれの軍勢」（2節）、太陽と月と星（3節）、「天の天」と「天の上の水」（4節）である。「かれの軍勢」は、次節の天体を指すとも解しうるが、詩の形式（対句法）からみて、先行する「み使いたち」の言い換えであろう。「天の天」は天の最上級、「天の上の水」は天地創造物語に基づく（創一7）。その水が「天の窓」から雨や雪となって地上に降り注ぐ、と考えられていた（創八2）。

5節は、ここまで繰り返されたヤハウェ讃美の命令をまとめ、讃美の理由がヤハウェによる創造の業にあったことを明示する。「かれが命じ、それらは創造された」とは、ヤハウェの「言葉による創造」を表す（詩三三9参照）。これもまた天地創造物語に基づく（創一3、9他）。ただし、本詩では「み使いたち」も神ヤハウェの被造物とみなされるが、天地創造物語に「み使い」の創造は語られない（注二）。6節「失せゆくことのない掟」の「掟（ホーク）」は申命記などで律法を表す術語の一つ。ここでは、しかし、「自然の秩序」を表す。

後半（7―14節）は、1節の「ヤハウェを讃美せよ、天から」に対して、「ヤハウェを讃美せよ、地から」とはじまる。「かれを讃美せよ」と繰り返す前半とは対照的に、讃美の命令文ははじめの7節におかれるのみで、あとは12節まで、海と地上に存在するものたちを列挙し、順次、これに呼びかける。

まずは「龍」と「渾沌の海」（7節）。これらは創造以前の原初の渾沌を象徴する神話的存在であり、これらが撃破され、制圧されて世界の秩序が確立した、と広く信じられていた（7節訳注参照）。本詩は、しかし、それらが撃破されたことを詠うのではなく、それらに、神ヤハウェを讃美せよ、と呼びかける。原初の反秩序を象徴する怪物たちもヤハウェの被造物にほかならない、とみるからである(他に創一21、詩一〇四25―30、ヨブ四〇15以下など)。

続く8節は、「火と雹」「雪と霧」そして「み言葉を行う大嵐」に呼びかける。「火」が稲妻を指すとすれば、これらはすべて気象現象。「み言葉を行う」とは神ヤハウェの意思を伝えるというほどの意味。ヤハウェを「風をその使者となさる方」(詩篇一〇四4)という表現に通じよう。9節では山々と丘、そして木々に、10節では動物界に、最後に11―12節では、為政者から老若男女まで、すべての人間に呼びかける。

13節一行目「ヤハウェのみ名を讃美せよ」は5節一行目と同文であり、7―12節のまとめの句とみうる。「み名」はその名で呼ばれる神自身を表す。13節三行目「その(＝ヤハウェ)の威光は地と天の上にあって」は神ヤハウェの創造のみ業を念頭におく。それに対し、「イスラエルの子ら」を名指す14節は、いささか唐突な感じを与えよう。それゆえ、14節を二次的付加とみなす注解書も見受けられる(Hossfeld / Zenger, *Psalmen 101-150*, 844f.)。しかし、本詩はイスラエルの会衆によって詠われたのであるから、最後にイスラエルへの言及があっても、不思議ではない。

翻訳も解釈も分かれる14節二行目と三行目については、訳注に述べた。試訳が間違っていなければ、ヤハウェによって「角」を高められたイスラエルの民は、信実な者たちとして、天界・地界の被造物とともに、神ヤハウェに讃美を捧げなければならない、というのであろう。本詩において、天界・地界の被造物に呼びかけて、ヤハウェ讃歌を促すのはイスラエルの会衆であり、彼らによるヤハウェ讃美は、詩篇一四九篇1節の「信実な者たちの集まり」における「讃美」へと引き継がれる。

本詩は、このように、前半で天界の被造物に呼びかけ（1―6節）、後半では人間をも含む地界の被造物に呼びかけて（7―13節）、神ヤハウェ讃美を促す。そして最後に、神ヤハウェによって律法を授けられたイスラエルの民が神ヤハウェ讃美の中心的な役割を果たすことが詠われる。

本詩が天地創造物語（創一章）をふまえていることはすでに触れた。14節「その民の角を高めてくださった」という表現は、バビロニア捕囚帰還後の復興が念頭におかれているだろう。したがって、本詩の成立は第二神殿時代の比較的落ち着いた時期であったろう。ちなみに、本詩には、冒頭と末尾のハレルヤを別にすれば、動詞ヒッレール「讃美する」が十回、小辞コル「すべて」が十回用いられる。

思想と信仰

本詩が天界・地界の被造物を次々と名指す背景には、創造神とその被造物を列挙する古代西アジアの神讃歌の伝統があった、と指摘されてきた。神が人間の手に及ばない自然現象を並べ立てるヨブ記三八―三九章なども、これと同じ伝統に連なる、といわれる。古代西アジアの博物誌的知見に基づく、こうした知的伝統は「自然知の目録学」（Listenwissenschaft der Naturweisheit）と呼ばれ、それが旧約聖書に受容されたという。エジプトの資料に基づき、このことを最初に指摘したのはG・フォン・

ラートであった（SVT III [1955], S. 293-301）。

本詩は、しかし、自然現象や被造物を列挙してみせることに主眼をおいてはいない。むしろ、天界・地界の様々な事象に呼びかけて、神ヤハウェへの讃美を促すのであり、古代西アジアの讃歌の伝統とは異なる、本詩の特色がそこにある。

自然界に呼びかけることは、旧約聖書において、珍しくない。預言者たちは、イスラエルの民の罪を告発する際に、「天」と「地」また「地を満たすもの」を証人として呼び出した（イザ一2、三四1、ミカ一2他）。申命記四章26節にも、「天と地」が神ヤハウェの「証人」となる、と記されている。エレミヤは「地よ、地よ、地よ」と語りかけ（エレ二二29）、「モーセの歌」もまた天と地に聞かせるためであった（申三二1）。人間の悪ゆえに滅びの危機に瀕する地の「嘆き悲しむ」声（注二）を聞き取ったのも預言者たちであった（ホセ四3、イザ二四4、エレ一二4他）。本詩のように、天と地に、海に山に、ヤハウェ讃美を促す言葉を預言書や詩篇に求めれば、枚挙にいとまがないほどである（イザ四四23、四九13、詩六九35、九六11―12他）。ここに旧約聖書の創造信仰の重要な一面が顔を覗かせる。

これらの箇所では、自然は擬人的に表現される。だが、これらにみる自然の擬人化を単なる比喩的表現と理解してはならない。また、自然のなかには精霊が住む、と信じるアニミズム的自然観ともそれは異質である。旧約聖書の信仰者たちが自然に擬人的表現を用いるときは、本詩の場合がそうであるように（5節）、神ヤハウェによる万物の創造がつねに意識されているのである。人間と自然とは神の被造物として、創造の神のもとでともに息づいている、という感性がそこにはたらいている。同じ被造物としての自然への共感がそこにある。

天界・地界の諸事象に向かって、ヤハウェ讃美を呼びかける本詩もそうした感性に基づく。天と地に、海と山に、神への讃美を促す言葉は旧約聖書に少なくないが、それを主題として掲げ、天界・地界の諸事象を順次名指して、ヤハウェへの讃美を促してゆく点で、本詩は旧約聖書において独自の地位を占める、といってよい。そして、こうした感性と文学手法は、後代にそのまま引き継がれることになった。

旧約聖書続編のダニエル書補遺『アザルヤの祈りと三人の若者の讃歌』のなかの「三人の若者の讃歌」にそれをみることができる。ダニエル書の七十人訳に伝えられたこの「讃歌」のなかで、34節から64節まで（＝七十人訳『ダニエル書』三57―87）は、明らかに、本詩を下敷きにして、それをさらに拡張した作品である。「主のすべてのみ業よ」とはじまり、「み使いたち」を含む天の被造物に（35―40節）、種々の気象現象に（41―50節）、地と海と動植物に（51―58節）、最後には「人の子ら」に（59―64節）「主をたたえよ、永遠にかれをほめ歌い、あがめよ」と呼びかけてゆく。

被造物としての自然に呼びかけるこうした感性とそれに裏打ちされた讃歌の伝統は、さらに後代まで引き継がれ、小鳥に教えを説いたと伝えられるアッシジのフランチェスコの『兄弟なる太陽の讃歌』に結晶した。この『讃歌』は、つとに指摘されているように、本詩と「三人の若者の讃歌」から直接・間接の示唆を受けている（注三）。

では、現代に生きるわれわれにも、このような感性は引き継がれているだろうか。たしかに、現代人もまた、野に花が咲き乱れ、木々の緑が風にそよげば、自然が創造の神を讃えている、といった思いを抱くことがあるだろう。だが、山々や丘に向かって、神を讃美せよ、と呼びかけるような感性は、すでにわれわれから失われて久しいのではないか。旧約聖書の創造信仰を語るキリスト教会においてさえ、そうした感性は忘れ去られてしまったかのようにみえる。本詩が現代の読者に投げかける問いかけがここにある。

注

（一）天の「み使い」が被造物であることを明示する箇所は旧約聖書にみられないが、詩八6「神々にわずかに劣らせ」がそれを暗示する（当該箇所の訳注参照）。

（二）ヘブライ語聖書にはエレツ「地」を主語とする動詞アーバル（'ābal）の用例が六箇所ある（イザ二四4、三三9、エレ四28、一二4、二三10、ホセ四3）。それにアダマー「大地」とナウェー「牧草地」を主語とする用例（ヨエ一10、アモ一2）が加わる。これらの箇所に口語訳は「嘆く」ないし「悲しむ」という訳語を充て、新改訳は「嘆き悲しむ」ないし「喪に服す」で統一した。他方、新共同訳はそのうち四箇所に「乾く／渇く」を（イザ二四4、アモ一2、エレ一二4、ホセ四3）、二箇所に「喪に服す」を（エレ四28、二三10）、残りの二箇所に「嘆く」を（イザ三三9、ヨエ一10）充てる。人間を主語とする場合、この動詞は死者を「悼み、嘆き悲しむ」ことを表す（創三七34、サム下一三37)。なお、七十人訳はこれらの箇所すべてに「悼む(penthéō)」を充て、ウルガータも「悼む(lugeo)」で一貫させる。新共同訳が採用した「乾く」という訳語は、NEB(= The New English Bible, 1961)あたりから登場した。「乾く」(「渇く」ではない)を意味するアッカド語動詞アバール(abālu)がその根拠。しかし、ヘブライ語聖書では「乾く」を表すヤベーシュやハレーブといった動詞が広く用いられること、動詞アーバルが「乾く」という意味で用いられる用例は他にないこと、などからアッカド語動詞アバールがヘブライ語化した可能性はないと思われる。

(三) R・D・ソレル(金田俊郎訳)『アッシジのフランチェスコと自然』(教文館、二〇一五年)が『兄弟なる太陽の讃歌』の背景を論じている。

第149篇
虐げられた者たちを救いで飾られる

1 ハレルヤ
ヤハウェにうたえ、新しいうたを、
かれへの讃美を信実な者たちの集まりで。
2 イスラエルはその造り主を喜ぶがよい、
シオンの子らは彼らの王に歓喜して。
3 円舞をもってみ名を讃美するがよい、
手鼓と竪琴をもってかれをほめうたい。

4 じつに、ヤハウェはかれの民に厚意を寄せ、
救いをもって虐げられた者たちを装われる。
5 信実な者たちは栄光のなかで喜び踊り、
自らの寝台のうえで、歓呼するがよい。
6 神の称讃は彼らの喉に、
両刃《もろは》の剣は彼らの手に。
7 諸国民のなかで報復を果たされるゆえ、
かれが諸民族のなかで懲らしめを。
8 彼らの王たちを鎖につながれるゆえ、
かれが鉄の枷でその誉れ高い者たちを。
9 書かれた審きを彼らに果たされるゆえ、
それがかれに信実な者たちの栄誉。

ハレルヤ

訳注

〈1節〉

ハレルヤ。詩一四六1の訳注参照。

ヤハウェにうたえ、新しいうたを。詩九六篇と九八篇がこの句ではじまる。詩三三3にも同一表現。これらはイザ四二10に由来する。

信実な者たちの集まり。ハシディーム「信実な者たち」は詩一四八14を受け、本詩5節、9節に繰り返される。七十人訳ホシオイ。「集まり」はエクレーシア。旧約聖書偽典『ソロモンの詩篇』一七16に「ホシオイのシナゴーグ」という表現がある。

〈2節〉

その造り主。原文「彼（＝イスラエル）を造った方々」と複数形。単数形の古形とも、尊厳の複数形ともいわれる。七十人訳他は単数形。ヤハウェによるイスラエルの創造（「形づくる」「造る」「創造する」）は第二イザヤに繰り返される。イザ四三1、15、21、四四2他。詩篇では九五6、一〇〇3など。

シオンの子ら。狭義には「エルサレムの住民」、広義には「イスラエルの民」。この表現は他にはヨエ二23、哀四2。

彼らの王。イスラエルの「王」ヤハウェ。これも第二イザヤに繰り返される表現。イザ四一21、四三15、四四6他。詩篇では詩一四六10他。

〈3節〉

円舞（マホール）。輪舞。喜びの踊り。詩三〇12、一五〇4。他にはエレ三一4、哀五15など。七十人訳「踊りのなかで」。

手鼓（トーフ）。タンバリン。出一五20、士一一34、サム上一八6などでは、円舞とともに勝利を祝うときの楽器。詩八一3などでもキンノール「竪琴」とともに神を讃える。

〈4節〉

虐げられた者たち（アナウィーム）。被抑圧者たち。詩九13、19をはじめ詩篇に十二例。ここはイスラエルの民の言い換え。詩一四七6参照。七十人訳プラエイス（マタ五5。新共同訳「柔和な人々」。塚本訳「踏みつけられてじっと我慢している人たち」はアナウィームの意味合いを汲む）。

装われる（ペエール）。別訳「飾る」「輝かせる」。語源はエジプト語「冠、頭飾り」。他にイザ五五5、六〇9など。七十人訳ヒュプソオー「高める」。

〈5節〉

喜び踊る（アーラズ）。喜びを身体で表現すること。詩六八5。アーラツ（詩五12他「歓声をあげる」）とほぼ同義。

自らの寝台のうえで。解釈の分かれる句。ミシュカボート「寝台」（複数）を文字通りの寝床とみて、「寝ているときも」（申六7）、「真夜中に起きて」（詩一一九62）、「夜ごとに」（詩九二3）などと解する解釈、「寝台」に戦闘における休憩の場、礼拝でひれ伏すための敷物などを想定した解釈、これを墓の比喩とみて、復活がここに示唆されるとの解釈など。ただし、後三者は典拠が十分とはいえない。「寝台」は文脈にそぐわないとみた読み替えに「彼らの諸氏族について／のこと」（アル・ミシュペホターム→アル・ミシュケボタームなど。七十人訳でも「彼らの寝台で」と訳されており、読み替えの根拠は弱い。試訳は「憩いのなかで／安らぎのうちに」を表す比喩的表現とみる（イザ五七2参照）。

〈6節〉

神の称讃。「神」はエル。ローメモート「称讃」は「高めること」が原意（詩六六17にも用例）。これが「彼らの喉にある」とは、彼らは神への称讃を口にする、との意。

両刃の剣は彼らの手に。これも解釈の分かれる句。一方で、文字通りに解し、「信実な者たち」による戦闘、あるいは凱旋後の剣舞などが背後に想定される。他方で、前行「神の称讃」の対句であることから、「両刃の剣」は「神の言葉」の比喩と解される（イザ四九2他→ヘブ四12、黙一16他）。

〈7節〉

諸民族のなかで。詩一〇八4の訳注参照。

報復を果たされるゆえ。原文は不定詞句。次節、次々節の動詞も。主語は明言されないが、「報復を果たす」（申三二35、イザ六一2、詩九四1他）、「審きを果す」（エゼ五8、詩九17他）などからみて、神ヤハウェが主語。これらの不定詞句は5―6節の「歓呼」や「称讃」の理由を表すとみて、「……されるゆえ」と訳す。

懲らしめ（トケホート）。トケハーの複数形。ホセ五9他「懲らしめの日」の「懲らしめ」。動詞ホキーアハ「弁ずる、弁護する、叱責する」の派生名詞なので、語源的には言葉による懲らしめ。「叱責」（七十人訳）、「非難、難詰」などとも。

〈8節〉

鉄の枷。詩一〇五18、一〇七10など参照。

誉れ高い者たち（ニクベディーム）。カベード「重い」のニファル分詞「重んじられている者たち」（イザ二三8―9）。

〈9節〉

書かれた審き。「書かれた」に関しては、過去の勝利の歌（出一五1―18他）、天の神のもとにおかれた記録（ダニ七10参照）、ヨシュア記にみられるようなイスラエルの勝利の記録、預言書や詩篇に記された神の審判預言（イザ二四21―22、詩九六13他）など、種々の想定がなされる。本節に近い表現はイザ六四6にみられる。

それが……栄誉。「それ」は前行までに語られた神ヤハウェの業。別訳「かれ（＝ヤハウェ）こそは……栄誉」。なお、死海写本（11QPs^a）はこの後に「かれの聖なる民、イスラエルの子らに、ハレルヤ」と伝える（↑詩一四八14）。

構成、主題、背景

「ハレルヤ詩集」の第四歌となる本詩は、一四八篇と同じく、前半部（1―4節）と後半部（5―9

節）の二部構成とみうる。

「ヤハウェにうたえ、新しいうたを」とはじまる前半部は、「信実な者たちの集まり」に集う会衆（「イスラエル」「シオンの子ら」）に、神ヤハウェを「彼らの造り主」「彼らの王」として讃美し、楽の音と踊りをもってほめ歌うように、と促してゆく（1―3節）。「信実な者たち」は先行する詩篇一四八篇14節の「かれに信実な者たちすべて」を受け、さらに5節と9節に繰り返される。そのヘブライ語ハシディーム（ハシードの複数形）は、旧約聖書中に用例数二十一を数え、そのうち十八例が詩篇に集中する（注一）。しかし、三回以上用いられる作品は本詩の他にない。かつて、このハシディームの背後に、マカバイ記に言及されるアシダイオイ（ハシダイオイ、ハシディームのアラム語ハシダイヤのギリシア語形）の存在を読み取ろうとする見解があった（注二）。本詩におけるハシディームは、しかし、「シオンの子ら」とも言い換えられる「ヤハウェの民」、すなわち信仰共同体としてのイスラエルを指すだろう。イスラエルの民がハシディームと言い換えられる事例は、本詩以外にも、散見する（詩五〇4―5、八五9、一四八14など）。

4節では、ヤハウェは「かれの民に厚意を寄せ、救いをもって虐げられた者たちを装われる」と詠われる。ここではイスラエルの民（「かれの民」）が「虐げられた者たち」と言い換えられ、彼らに救いが与えられ、それが神ヤハウェ讃美と歓喜を促す理由とみなされる。こうして、冒頭の「新しいうた」は神による救いの業の讃美を含むことになる。神によるその救いを詠うのが後半部である。

後半部は、まずは、「信実な者たち」に喜びの歓呼を促す（5節）。「栄光のなかで」とは、彼らにヤハウェによる救いが実現するからである。「自らの寝台のうえで歓呼する」という句については、とくに「寝台」の意味に関して、様々な解釈が提案されてきた（訳注参照）。ここでは、さしあたり、「憩いのなかで／安らぎのうちに」という意味の比喩的表現とみておこう（イザ五七2参照）。

前半部で繰り返された讃美と歓呼の要請は、後半部では、5節に限られ、6節から9節前半までは、歓呼の理由が詠われる。彼らの喉には、なによりも、神をあがめる言葉（「称讃」）がおかれている。その対句「両刃の剣は彼らの手に」については、「剣」を字義通りに読むか、比喩表現とみるかで、解釈が分かれる（訳注参照）。それは7節から9節前半の解釈とも深く関わる。

その7節から9節前半は、各節とも、ヘブライ語動詞の不定詞句によって構成される（7節「報復を果たす」、8節「鎖につなぐ」、9節「審きを果たす」）。不定詞句には主語が明示されないので、文法的には、「信実な者たち」が主語でもありうる。その場合、彼らは諸国民の間で「両刃の剣」をもって戦闘に臨んで、勝利する、と解されることになる。だが、「報復を果たす」「審きを果たす」などといった表現は、むしろ、「神」の業とみるほうが自然であろう（7節訳注参照）。したがって、7節から9節前半は、地上の諸権力に対する神の報復と懲罰を述べている、とみられよう（試訳では動詞に敬語を用いてそのことを反映させた）。

こうした理解が間違っていなければ、後半部全体は、「信実な者たち」を苦しめてきた地上の諸権力が神によって報復と懲罰を受けることになるがゆえに、「信実な者たち」は憩いのなかで喜び、歓呼するように、と詠っていることになる。そして、それが「信実な者たち」にとって「栄誉」となる、と述べて、本詩は閉じられる。後半部最初の「信実な者たちは栄光のなかで」と最後の「信実な者たちの栄誉」が相呼応し、それらが本詩冒頭の「信実な者たちの集まりで」と響き合うことはいうまでもない。すでに述べたように、「信実な者たち」は信仰共同体としてのイスラエルの民を指す。

以上をまとめれば、本詩は前半で、「虐げられた者たち」すなわちイスラエルの民に救いをもたらす神ヤハウェへの讃美と歓呼を会衆に呼びかけ、後半では、その救いが神による地上の諸権力への報復と懲罰によって実現することを詠いあげている。このような本詩は、第二神殿時代の「信実な者たちの集まりで」詠うために編まれた作品であったろうか。だが、その「集まり」がいかなる集いであったのか、詳細はわからない。

詩のリズムは整っており、全節が前後二句（翻訳では二行）から構成される。はじめの1節と終わりの9節が前句四語、後句三語（四×三）である他は、前句三語、後句三語（三×三）を基本とする。また、「べ」という前置詞句が各節に一回ないし二回用いられている点も、本詩の特色をなす（1、5、9節に各一例、それ以外の節には各二例）。これらは、しかし、翻訳にそのまま反映させせえない。

思想と信仰

本詩と同じく、「ヤハウェにうたえ、新しいうたを」と詠いはじめる詩篇に九六篇と九八篇がある。この二つの詩篇は、神ヤハウェが世界を支配するために来臨することを告げる、ほぼ同一の詩句をもって締めくくられる（詩九六13と九八9）。冒頭句のほうは第二イザヤの預言詩（イザ四二10）から採られている。詩篇九八篇は、その解説で述べたように、その他の点でも、多くを第二イザヤの詩に負い、詩篇九六篇は九八篇を下敷きにして作成された。本詩の場合は、第二イザヤに加え、第三イザヤの詩句をふまえた箇所も少なくない（2、4、5、6、7、9節の訳注に付した参照箇所）。では、これらの詩篇が採用した冒頭句の「新しいうた」（シール・ハーダシュ）とはどのような「うた」を指すのであろうか。

第二イザヤが「ヤハウェにうたえ、新しいうたを」（イザ四二10）と詠ったとき、彼が念頭においた「新しいうた」とは、いうまでもなく、バビロニア捕囚からイスラエルの民を解放する神ヤハウェを讃える讃歌であった。彼がここに「新しい」という形容詞を用いた理由は、容易に推し量ることができる。第二イザヤはバビロニア捕囚からの解放を、しばしば、「出エジプト」の出来事（とくに「海の奇蹟」）と重ね合わせて描き出し（イザ四三16―20、四四27、五〇2、五一9―11）、かつての「出エジプト」（同四三18「初めのこと」「昔のこと」）に対して、捕囚からの解放を「新しいこと」（ハダシャー）と表現しているからである（同四三19。同四二9、四八6も参照）。第二イザヤにとって、捕囚からの解放は「新しい出エジプト」にほかならなかった。「新しいうた」とは、それゆえ、バビロニア捕囚解放が実現するときに、イスラエルの先祖が海の奇蹟によってエジプトの奴隷から解放されたときに歌った、いわゆる「海の歌」（出一五1―18）に代わる「新しい」ヤハウェ讃歌を意味していた。

だが、「出エジプト」を果たした民が荒野に四十年を過ごさなければならなかったように、捕囚から帰還した民にも厳しい現実が待ち構えていた。政治的にはペルシア帝国の一属州であり、ペルシア王の名による徴税に多くの民衆は苦しめられた（ネへ五4参照）。ペルシア帝国滅亡後は、エジプトのプトレマイオス朝、さらにはシリアのセレウコス朝の支配下にユダヤは組み込まれた。イスラエルの民は、そのような情況のもとで、さらに新しい「出エジプト」を願わざるをえなかっただろう。それは異郷における奴隷からの脱出でも、捕囚からの帰還でもなく、彼らを支配する地上の勢力からの解放と救済であった。詩篇九六篇と九八篇はそうした解放と救済の願いを、世界の「王」である神ヤハウェが地上の諸民族を統治する時代の到来に託し、全地に向かって「ヤハウェにうたえ、新しいうたを」と呼びかけている。それに対して、本詩は同じ願いを「彼らの王」ヤハウェによる諸国民への報復と懲罰、諸王と有力者たちの捕縛として描き出す。ここには、詩篇九六篇と九八篇にみる一種の普遍主義に代わって、自民族中心の感情が抑制されぬまま、顔を覗かせている。それもまた、古代イスラエルの民の神信仰の一面であった。

注

（一）本詩以外では、詩一六10、三〇5、三一24、三七28、五〇5、五二11、七九2、八五9、八九20、九七10、一一六15、一三二9、16、一四五10、一四八14。詩篇以外の三例はサム上二9、箴二8、代下六41。単数形の用例は旧約聖書中に十四、そのうち九例が詩篇（詩四4、一二2他）。

（二）アシダイオイは、前一六七年に勃発したマカバイ戦争期、律法遵守の立場から（一マカ二42）、ユダヤ社会のヘレニズム化に抗して戦ったマカバイ勢力側についた一団（二マカ一四6）。彼らから後のパリサイ派やエッセネ派が形成された、ともいわれる。このアシダイオイが詩篇のハシディームに自分たちを重ねたことはありえよう。しかし、詩篇のハシディームがアシダイオイと呼ばれた一団を前提にするということは、時代的に、考えにくい。また、「ハシディーム詩篇」と呼べる一定の形式が存在するわけでもなく、ハシディームに言及する詩篇が同一の主題を掲げるわけでもない。

第150篇 すべて息吹あるものは

1 ハレルヤ
神を讃美せよ、かれの聖所において、
かれを讃美せよ、み力の大空において。
2 かれを讃美せよ、その大能のみ業のゆえに、
かれを讃美せよ、その豊かな偉大さにふさわしく。
3 かれを讃美せよ、角笛の音《ね》をもって、

かれを讃美せよ、琴と竪琴をもって。
4 かれを讃美せよ、手鼓と円舞をもって、
かれを讃美せよ、弦の音と笛をもって。
5 かれを讃美せよ、シンバルの響きをもって、
かれを讃美せよ、シンバルの凱歌をもって。
6 すべて息吹あるものは、ヤハを讃美するように。
ハレルヤ

訳注

〈1節〉

ハレルヤ。詩一四六1の訳注参照。

神を讃美せよ。「神」はエル。ハレルー「讃美せよ」は複数命令形。

かれの聖所において。「かれの聖所」は天上でも（詩一一4他）、地上でも（＝エルサレム神殿、詩二〇3他）ありうる。「かれの聖所にいます（神を讃美せよ）」との訳もありうるが、副詞句とみるほうが自然。七十人訳「かれの聖なる者たち（＝み使いたち）のなかで」。

み力の大空。「み力」の原文は「かれの力」。ラキーア「大空」は「引き延ばされたもの」が原意。天に同じ（創一8参照）。イザ四二5など参照。七十人訳ステレオーマ「堅固なもの」。

〈2節〉

大能のみ業のゆえに。ゲブロート「大能のみ業」はゲブラー「勇ましさ、力強さ」の複数形。神ヤハウェによる創造の業、救いの業を表す。詩二〇7、七一16など参照。ヤハウェを「王」と讃える詩一四五篇に次行の「偉大さ」とともに繰り返される（4、11、12節）。「…のゆえに」は前置詞べ。前節の「…において」、次節以下の「…をもって」も同じ前置詞。

豊かな偉大さにふさわしく。ゴーデル「偉大さ」はゲドゥラー（詩一四五3、6他）に同じ、カボード「栄光」と類義。申五24、エゼ三一18など参照。「ふさわしく」は前置詞ケ。このようなケの用法は詩六九17、一〇六45など。少数の写本は前行と同じく前置詞べ「…のゆえに」。

〈3節〉

角笛の音。ショファール「角笛」は羊の角を用いたラッパ。テーカア「音」の原意は「吹き鳴らすこと」。「角笛」は遠くまで響きわたるので、戦闘の鼓舞や合図（ヨシュ六4、士三27他）、王の即位の周知（王上一39、下九13他）、エルサレムにおける聖会開始の合図（民二九1、イザ二七13他）などに用いられた。詩篇では他に四七6（神ヤハウェの即位）、八一4（聖会開始の合図）、九八6（ヤハウェ歓呼）。

琴と竪琴。ネーベル「琴」とキンノール「竪琴」は並んで用いられることが多い（詩五七9、七一22他）。両者の違いの詳細は不明だが、いずれも本体は木製であった（王上一〇12参照）。「琴」は十弦がふつうであったか（詩三三2、九二4、一四四9）。葡萄酒や油を保存する両耳付壺もネーベルと呼ばれるので（エレ一三12他）、「琴」の形態は壺型であったろう。キンノールは羊飼いダビデが爪弾いた楽器（サム上一六23）。七十人訳はネーベルにプサルテーリオンを、キンノールにキタラを充てることが多いが、逆の場合もあり、必ずしも一定しない。

〈4節〉

手鼓（トーフ）。詩一四九3の訳注参照。

円舞（マホール）。詩一四九3の訳注参照。

弦の音（ミンニーム）。「琴」や「竪琴」とは別の弦楽器を指すか。旧約聖書では他に詩四五9のみ。ただし、カイロのゲニザ（シナゴーグの古文書庫）から発見されたヘブライ語版シラ書三九15に「歌と琴と弦の楽器（クレー・ミンニーム）をもって」と伝わる（*The Book of Ben Sira*, Jerusalem, 1973, p. 40）。七十人訳のこの部分は「かれへの讃歌、唇の歌、そして竪琴をもって」。

笛（ウガーブ）。「笛」と訳される別の単語にハリールがある（サム上一〇5、王上一40、イザ五12、三〇29、エレ四八36）。両者の違いは不明。古代オリエントの図像にはしばしば二本の笛を同時に吹く二重笛（英 double pipe）が描かれる。空洞の骨を利用した笛が考古遺物として発見されている。ウガーブの七十人訳はオルガノン「楽器」。これを弦楽器とする意見もある。

〈5節〉

シンバル（ツェルツェリーム）。二つの金属碗をぶつけて、あるいは擦り合わせて音を出す楽器。旧約聖書における他の用例個所はサム下六5のみ。アッカド語ツィリツル。「シンバルの響き」と「シンバルの凱歌」はシンバルの種類（「共鳴シンバル」と「凱歌用シンバル」）とも、あるいは演奏の仕方（「シンバル叩き」と「シンバル擦り」）とも解しうるが、詳細不明。歴代誌に多用されるメツィルタイム「シンバル」（代上一三8、一五16他）との違いも不明（語根 ṣll は同じ）。七十人訳は「心地よい音色のシンバルと大きな音色のシンバル」。

〈6節〉

すべて息吹あるもの。字義とおりには「すべての息吹」。ネシャマー「息吹」は神から与えられる生命を生かす力。創二7「生命の息吹」の「息吹」に同じ（七十人訳プノエー）。これを人間に限定すべきとの見解もある（Zenger / Hossfeldt, *Psalmen 101-150*,S.883-884）。しかし、「生命の息吹」は動物にも与えられている（創七22、ヨブ三四14など参照）。また、詩一四八10―12では、人間と生き物すべてに神ヤハウェへの讃美が促される。したがって、ここでも人間に限定せず、生き物すべてが含まれると理解すべきであろう。なお、死海写本（11QPs[a]）はネシャマーを複数形ネシャモートと伝え、冒頭のハレルヤを欠く他はマソラ本文に一致する。

ヤハ。ヤハウェの短縮形。ハレルー・ヤハ（＝ハレルヤ）のヤハ。

構成、主題、背景

本詩は「小ハレルヤ詩集」（一四六―一五〇篇）の最後を飾るとともに、詩篇第五部（詩一〇七―

一五〇篇）および詩篇全一五〇篇を締めくくる作品である。七十人訳聖書は本詩に続けて、もう一点、ダビデが一人称で詠う詩篇一五一篇を加える。もっとも、その前書きには「この詩篇は……（詩篇の数の外におかれる」と記されているので、一五一篇は正典詩篇とは区別されていたようにもみえる。古くは、この作品ははじめからギリシア語で作成された、と考えられたこともある。しかし、そのヘブライ語版が死海文書中の詩篇の写本に残されていたことから、これがヘブライ語に遡ることが判明した（注二）。とはいえ、内容からみて、詩篇全体を締めくくる作品としてふさわしいのは、詩一五一篇よりも、一五〇篇のほうであることに変わりはない（注二）。ウルガータも一五〇篇にとどめている。

本詩は、詩文としてみた場合、その形態はいたって単純である。はじめと終わりのハレルヤ（ハレルー・ヤハ、訳せば「ヤハを讃美せよ」）を別にすれば、本篇の1節から5節までに、各節二回ずつ、都合十回、ハレルヤと同じ動詞形ハレルー「讃美せよ」（複数命令形）が繰り返される。その目的語は、冒頭で、「神」であることが明示されるが（ハレルー・エール）、次行からはすべて動詞に付く接尾代名詞「かれを」となる（ハレルー・フー）。そして、2節二行目の前置詞（ケ「…にふさわしく」）を除けば、動詞の後には必ず、前置詞べによる副詞句が続く。この副詞句は、1節では讃美の場所を（「…において」）、2節では讃美の理由を（「…のゆえに」）、3節以降では讃美の仕方を（「…をもって」）指示する。最後に、同じ動詞（ヒッレール）を未完了形（希求法）に変え、「すべて息吹あるものは、ヤハを讃美するように」と詠って、本詩は閉じられる。

讃美の場所を示す1節「かれの聖所」について、かつては、それが天上の聖所を指すのか（詩一一4「宮」他）、それとも地上のエルサレム神殿を念頭におくのか（詩二〇3他）、といった議論が交わされた。しかし、エルサレム神殿は天上のそれとつながっていると信じられていたから（イザ六1―4参照）、当時であれば、このような議論は大きな意味をもたなかったろう。2節ゲブロート「大能のみ業」とゴーデル「（豊かな）偉大さ」は、ヤハウェを「王」として讃える詩篇に繰り返される（詩一四五3、4、6、11、12節）。本詩もまた、神ヤハウェが「天地の王」であることを暗に前提にしているのであろう。

3―5節には、前置詞べに神を讃美する際の楽器と踊りが続く。エルサレム神殿における神讃美に、楽器とその演奏は欠かせなかったのである。「角笛」が最初に登場するのは、これが聖会や礼拝の開始を告げる合図となったからである（民二九1他）。第二神殿時代、神殿礼拝で演奏や詠唱を受け持ったのはレビ人たちであった（代上一五16―24、代下五12―13他）。こうしたことから、本詩は、はじめに祭司が角笛を吹き鳴らし（ヨシュ六4）、レビ人たちが楽器演奏と讃美の詠唱を受け持ち、一般参列者たちは「手鼓と円舞をもって」それに参加した（詩一三五19―20「アロンの家」「レビの家」「ヤハウェをおそれる人々」）ことを示す、といった解釈があるが、うがちすぎであろう。第二神殿時代の神殿礼拝を背景にもつ歴代誌が列挙する楽器のなかに、ミンニーム「弦の音」とウガーブ「笛」は言及されない。逆に、歴代誌に頻出する「ラッパ」（代下五12他）に本詩は言及しない。本詩が言及する楽器名は七つである（「角笛」「琴」「竪琴」「手鼓」「弦の音」「笛」「シンバル」）。ここに「七」という数が意識されているのかどうか、確言はできない。議論のありうる訳語「シンバルの響き」「シンバルの凱歌」については、訳注を参照されたい。最終節「すべて息吹のあるもの」は、人間に限定されず、生き物全体を含むだろう（訳注参照）。

このような本詩は、一四六篇からはじまる「小ハレルヤ詩集」の一篇としてはいささか特異である。というのも、本詩においては、「讃美せよ」という讃美の要請は繰り返されるものの、讃美の内実を具体的に示す辞句は発せられないからである。わずかに2節が神の「大能のみ業」と「豊かな偉大さ」に言及するものの、それだけでは具体的な讃美の内実にはなりえないだろう。神をほめ讃える尊称なども、いっさい、用いられない。そうした点から、本詩は、エルサレム神殿礼拝への導入の招詞、すなわち、神ヤハウェ讃美の礼拝に先立ち、詠唱者、楽器の演奏者、参列者に讃美を促す言葉に基づく、と想定されてきた。その一方で、本詩は神殿礼拝への呼びかけというよりは、「小ハレルヤ詩集」、詩篇の第五部、そして詩篇全体を締めくくるために編まれた作品であったろう、との見解も提示される。

本詩成立の経緯は、このように、大きく二つの見解が並立する。これらの両意見を生かせば、本詩は第二神殿時代に用いられていた神殿礼拝への招詞をふまえ、詩篇全体の締めくくりとして仕立てられた作品であった、とも考えられようか。いずれにせよ、ヘブライ語聖書の詩篇の最後は本詩をもって締めくくられたのである。

「かれを讃美せよ」という要請を繰り返す本詩は、しばしば指摘されるように、讃美の内実を具体的に示さないという意味で、讃美の詩篇としては不完全な印象を与える。本詩は、元来、礼拝への招詞であった、との理解もそのことをふまえている。だが、本詩が「小ハレルヤ詩集」だけでなく、詩篇第五部ひいては詩篇全体を締めくくる、という視点に立つならば、それとはいささか異なる側面が読みとれよう。

神ヤハウェ讃美を主題とする五つの詩篇を集める「小ハレルヤ詩集」のうち、本詩に先立つ四作品は、讃美すべき神ヤハウェのはたらきを次の三点にみている。その一は、ヤハウェによる天地万物の創造と維持である（一四六6、一四七8―9、15―18、一四八5―6）。それゆえ、天にあるものにも、地にあるものにも、ヤハウェ讃美が要請される（一四八1―4、7―10）。その二は、イスラエルおよびシオンの加護（一四七2、13―14、19―20、一四八14a、一四九4）。そこにはヤハウェによる諸国の制圧も含まれる（一四九7―8）。それゆえ、イスラエルおよびシオンの住民は喜び、神ヤハウェを讃えなければならない（一四六10、一四七12、一四八14b、一四九2―3）。その三は、苦境におかれた者たちを救うヤハウェの業である（一四六7―9、一四七3、6、一四九4）。

このようなハレルヤ詩篇をふまえるならば、それらを締めくくる本詩が「かれを讃美せよ」とだけ繰り返しても、讃美すべきことがらはおのずと明らかであろう。ヤハウェは万物を創造し、これを維持するとともに、その民イスラエルとその都シオンを守り抜き、虐げられた者たち、社会的に弱い立場におかれた人々を保護する神なのである。「かれを讃美せよ」との要請はそうした文脈で発せられている。では、一〇七篇からはじまる詩篇第五部ひいては詩篇全体を閉じる作品としてみた場合、本詩はどのように読まれようか。

詩篇が五部に区分され、第四部までは、その最後に似通った頌栄がおかれていることは、よく知られている。それらは、一様に、バルーク・ヤハウェ「たたえられよ、ヤハウェ」というヤハウェへの祝詞にはじまる（詩四一14、七二18—19、八九53、一〇六48）。第五部だけは、しかし、そのような祝詞に代えて、ヤハウェへの讃美の要請で締めくくられる。この要請が第五部ひいては詩篇全体を締めくくる言葉であるとすれば、そこにはどのような信仰理解が籠められたのであろうか。

第五部の作品群は、いうまでもなく、讃美の詩篇に限られない。教訓詩もあれば、律法を詠いあげた作品もある（詩一一二、一一九篇他）。神ヤハウェに嘆き訴える個人の祈りも少なくない（一〇九、一二三、一三〇、一四〇篇他）。民の嘆きもそこに含まれる（詩一二三篇）。それらが「かれを讃美せよ」との繰り返しをもって締めくくられた。嘆き訴える祈りを含め、それまでの詩篇はすべて神への讃美に連なる、とみられたのである。「かれを讃美せよ」との反復を全詩篇の締めくくりとみた場合にも、同じことがいいうるだろう。神に向けられた嘆きの声、訴えの叫び、それらでさえも、究極的には、讃美の詩となる、という信仰がそこに籠められる。それは、さらに、詩篇全体をテヒリーム「讃美の数々」と呼ぶユダヤ教の伝統に引き継がれてゆく。テヒリームは動詞ヒッレール「讃美する」と同語根語であった。

詩篇という書が、いつ、誰によって、どのように編纂されて成立したのか、その詳細はわからない。詳細は不明だが、詩篇の編纂が進められたのは第二神殿時代である。おそらく神殿付の詠唱者たちが、古くから伝わる作品に新しい作品を加えた個々の小詩集を編みながら、時間をかけてそれらを詩篇全体へとまとめ上げていったのであろう。

第二神殿時代はペルシア帝国の一属州としてはじまり、ペルシア滅亡後は、プトレマイオス朝とセレウコス朝という両大国の支配下におかれた。ユダヤはエルサレムを中心とした狭い地域に限定され、政治的独立は夢に過ぎず、経済的に豊かさを享受しえた者たちは社会のごく一部に限られていた。それは人々がもろ手を挙げて神を讃えうるような時代ではなかった。にもかかわらず、詩篇の最終編纂者たちは「かれを讃美せよ」と繰り返す作品をもって詩篇全体の締めくくりとした。彼らにとって神への讃美は、満ち足りた人々による感謝であるよりは、厳しい情況に生きる信仰者たちの希望の表明であったのである。神に嘆き訴える切なる祈りが神への讃美に連なる理由がそこにあった。

注

（一）詩篇一五一篇はペシッタと呼ばれるシリア語聖書にも伝わる。ペシッタには、一五一篇だけでなく、さらに四点ほどの詩篇（一五一―一五五篇）を加えた写本も知られる。これらのうち、詩篇一五一篇と二点のシリア語詩篇は、そのヘブライ語版が死海文書中の詩篇写本に残されていた。一〇一篇から一五〇篇までを正典聖書とは違う順序で記した写本（11QPs[a]）がそれである。そこには他の外典詩篇も含まれていた。これらの外典詩篇については、現在、死海文書翻訳委員会訳『死海文書Ⅷ詩篇』（ぷねうま舎、二〇一八年）の一九八頁以下、勝村弘也氏による解説と邦訳で知ることができる。

（二）七十人訳聖書が伝える詩一五一篇を以下に掲げる。なお、死海写本中のヘブライ語版は二つの作品、ほぼ完全に残る詩一五一篇Aとわずかに冒頭部分が残るにすぎない一五一篇Bとに分かれていた（前注に掲げた勝村氏の解説と邦訳参照）。これらとギリシア語版とを比べてみれば、ギリシア語版7節はヘブライ語版Bから取られたらしいこと、ギリシア語版の表詞は後者Aのそれ（「エッサイの子ダビデのハレルヤ」）と異なること、ギリシア語版本文はヘブライ語版を半分に切り詰めたらしいこと、などがわかる。なお、6節「異邦の人」はゴリアトを指す。

1　この詩篇はダビデについて彼自らが草し、
（詩篇の）数の外におかれる。
彼がひとりでゴリアトと戦ったときに。

私はわが兄弟のなかで小さく、
わが父の家では最も若かった。
私はわが父の羊を飼っていた。

2 わが手は楽器を作り、
わが指は琴を奏でた。
3 誰がわが主に知らせてくれようか、
主ご自身、ご自身が聞き入られる。
4 かれはひとりのみ使いを遣わし、
わが父の羊のなかから私を取りあげ、
その注ぎ油で私に油を注がれた。
5 わが兄弟は美しく、大きかったが、
彼らを主はよしとなされなかった。
6 私が異邦の人との対決に出て行くと、
彼は自身の偶像をもって私を呪った。
7 だが、私は彼の脇から剣を奪い取り、
彼を斬首して、イスラエルの子らから
恥を取り去った。

月本昭男（つきもと・あきお）

1948年、長野県に生れる。新島学園、東京大学、テュービンゲン大学大学院で学ぶ。現在、上智大学神学部特任教授、立教大学名誉教授。（公財）古代オリエント博物館館長兼務。無教会経堂聖書会（http://www.kyodo-seisyokai.sakura.ne.jp/）所属。

著書に『ギルガメシュ叙事詩』（岩波書店）、『悲哀をこえて――旧約聖書における歴史と信仰』（教文館）、『詩篇の思想と信仰Ⅰ、Ⅱ、Ⅲ、Ⅳ』（新教出版社）、『古典としての旧約聖書』（聖公会出版）、『古代メソポタミアの神話と儀礼』（岩波書店）、『旧約聖書に見るユーモアとアイロニー』（教文館）、『この世界の成り立ちについて』（ぷねうま舎）、『物語としての旧約聖書（上）（下）』（NHK出版）他。

聖書翻訳に『創世記』『エゼキエル書』（岩波書店）、他。

編著に『創世神話の研究』（リトン）、『宗教の誕生』（山川出版社）他。

詩篇の思想と信仰　Ⅵ

第126篇から第150篇まで

●

2018年12月25日　第1版第1刷発行

著　者……月本昭男

発行所……株式会社新教出版社

発行者……小林　望

〒162-0814 東京都新宿区新小川町9-1

電話（代表）03 (3260) 6148

振替 00180-1-9991

印刷……理想社

製本……長陽社河田製本所

ISBN 978-4-400-12748-2 C1016